GRUPOS

A proposta do psicodrama

Dados Internacionais de Catalogação na Publicação (CIP)
(Câmara Brasileira do Livro, SP, Brasil)

Grupos: a proposta do psicodrama / Wilson Castello de
Almeida (organizador). São Paulo: Ágora, 1999.

Vários autores
Bibliografia
ISBN 978-85-7183-702-7

1. Psicodrama I. Almeida, Wilson Castello de.

99-3246

CDD-616.891523
NLM-WM 430

Índice para catálogo sistemático:

1. Psicodrama: Medicina 616.891523

Compre em lugar de fotocopiar.
Cada real que você dá por um livro recompensa seus autores
e os convida a produzir mais sobre o tema;
incentiva seus editores a encomendar, traduzir e publicar
outras obras sobre o assunto;
e paga aos livreiros por estocar e levar até você livros
para a sua informação e o seu entretenimento.
Cada real que você dá pela fotocópia não autorizada de um livro
financia o crime
e ajuda a matar a produção intelectual em todo o mundo.

GRUPOS

A proposta do psicodrama

WILSON CASTELLO DE ALMEIDA
(ORGANIZADOR)

EDITORA
ÁGORA

GRUPOS
a proposta do psicodrama
Copyright © 1999 by Febrap (Federação Brasileira de Psicodrama)
Direitos desta edição reservados para Summus Editorial

Capa: **Renata Buono**
Editoração eletrônica: **Acqua Estúdio Gráfico**

Editora Ágora
Departamento editorial:
Rua Itapicuru, 613 – 7º andar
05006-000 – São Paulo – SP
Fone: (11) 3872-3322
Fax: (11) 3872-7476
http://www.editoraagora.com.br
e-mail: agora@editoraagora.com.br

Atendimento ao consumidor:
Summus Editorial
Fone: (11) 3865-9890

Vendas por atacado:
Fone: (11) 3873-8638
Fax: (11) 3873-7085
e-mail: vendas@summus.com.br

Impresso no Brasil

Sumário

Prefácio 7
Introdução 13

PARTE I

1. Breve história dos grupos terapêuticos 15
   Luis Russo
2. Brasil 70 — psicodrama antes e depois 35
   Antonio Carlos Cesarino

PARTE II

3. A dinâmica do grupo e suas leis 49
   Heloisa Junqueira Fleury
4. Unidade funcional 59
   Agenor Vieira de Moraes Neto
5. Direção cênica da loucura: subjetividade e psicodrama 69
   Sergio Perazzo
6. Aquecimento — caminhos para a dramatização 77
   Cida Davoli
7. O protagonista e o tema protagônico 89
   Luís Falivene R. Alves

8. Multiplicação dramática — a multiplicidade heterogênea e caótica do grupo como possibilidade terapêutica 101
Pedro Mascarenhas

9. O processamento em psicodrama 111
Moysés Aguiar e Miriam Tassinari

PARTE III

10. Terapia tematizada grupal por tempo limitado 127
Miguel Perez Navarro e co-autores

11. Psicodrama aplicado a grupos de crianças com dificuldades de aprendizagem 141
Antônio dos Santos Andrade

12. O psicodrama psicanalítico no atendimento de grupo de adolescentes 157
Mariza Ferreira Leão

13. Separação e ciclo vital familiar: um enfoque sociodramático 165
Maria Amalia Faller Vitale

14. Mitologias familiares 179
Camila Salles Gonçalves

15. Procedimentos grupais para usos didático e operativo 193
Wilson Castello de Almeida

Prefácio

Grupo e individualismo

É uma feliz idéia de Wilson Castello de Almeida a de reunir em um só volume os artigos sobre grupos publicados na *Revista Brasileira de Psicodrama*. E de publicá-lo quando da realização do 1º Encontro Brasileiro de Psicoterapias Grupais, em 1999. O leitor tomará contato com o enfoque sociométrico do estudo dos grupos por intermédio dos escritos de destacados psicodramatistas. É importante que os trabalhadores grupais brasileiros se conscientizem de que, mesmo seguindo diferentes orientações, eles têm algo em comum: o grupo. J. L. Moreno inspirou-se nesse fato para, em 1973, fundar a Associação Internacional de Psicoterapia de Grupo, entidade que congrega os trabalhadores grupais de todas as correntes, num tempo em que o mundo psicoterápico ainda vivia a *era dos grupos.*

A *era dos grupos* compreende os anos 60 e 70, sendo fruto do desenvolvimento dos estudos sobre dinâmica de grupo durante a Segunda Guerra Mundial, momento em que se inicia a fusão do psicológico com o social. A psicoterapia psicanalítica de grupo, a grupanálise, o psicodrama, a abordagem centrada na pessoa, a gestalt-terapia e a análise transacional passam a enfatizar a abordagem grupal. Nos Estados Unidos, dois locais destacam-se na propagação do movimento dos grupos: Beacon, com o World Center of Psychodrama comandado por J. L. Moreno; e Bethel, com o National Training Laboratory — NTL — liderado por Kurt Lewin e depois por Leland Bradford.

Mais tarde, o Instituto Esalen também se destaca como um templo dos grupos e das psicoterapias alternativas. Esse período de apogeu da dinâmica e da psicoterapia de grupo coincide com a cultura *hippie* e suas propostas de vida comunitária. Essa é, também, a fase do movimento das comunidades terapêuticas, liderado por Maxwell Jones, na Inglaterra, e difundido em todo o mundo ocidental. No Brasil, a experiência preponderante nesta abordagem aconteceu na Clínica Pinel, em Porto Alegre, sob o comando de Marcelo Blaya. Este período marca, também, o movimento da antipsiquiatria, iniciado por Ronald Laing e David Cooper, na Inglaterra. Se a antipsiquiatria pecou pelo excesso de romantismo, segundo o qual o enlouquecer ganhava contornos de autodesenvolvimento, e a dinâmica sociofamiliar era, supostamente, a causadora da loucura (de qualquer forma, já era um avanço em termos da teoria anterior da *mãe esquizofrenogênica*), por outro lado, ela — a antipsiquiatria — contribuiu para humanizar os hospitais psiquiátricos, ajudou a diminuir o preconceito em relação ao doente mental e abriu as portas para a psicoterapia familiar. A antipsiquiatria foi precursora da discutida revolução psiquiátrica italiana promovida por Franco Basaglia.

Nos anos 80, surgem novos valores culturais, simultaneamente, ao fim da era dos grupos. Nos segmentos médios e superiores, genericamente, surge a onda cultural do individualismo, do crescimento interior pelas práticas individuais, do culto à beleza do corpo e à saúde. Propõe-se um modo de vida sofisticado, próprio do Primeiro Mundo, enaltecem-se as *grandes* jogadas financeiras, realizadas, às vezes, ao simples toque em uma tecla do computador. É o reino do *clean*, a prevalência do *eu* sobre o *nós*, *a me decade* para os americanos, ou a geração do *leva vantagem* para os brasileiros. Trata-se do *yuppie* em contraposição ao *hippie*. O grupal é substituído pelo individual e o público pelo privado. As *comunidades* e as *repúblicas* são trocadas por pequenos apartamentos individuais. Deixa-se de fazer psicoterapia de grupo para fazer psicoterapia individual ou, simplesmente, tomar o *Prozac nosso de cada dia*. A limpeza, a ordem e a beleza passam a ser a meta idealizada. Os cabelos longos e desgrenhados tornam-se curtos e modelados com gel. Se, por um lado, esse momento cultural propõe hábitos saudáveis, por outro, em seu exagero, revela evidentes traços hipocondríacos e narcísicos. Não se deve esquecer que uma leitura psicológica do nazismo traduz-se pelo ideal narcísico de pureza, perfeição, beleza e superioridade. Coincidentemente ou não, no campo político observa-se o ressurgimento da *direita* que se reflete em vários campos da atividade humana. Há um evidente conservadorismo que impregna também as ciências. O método *clean* invade a medicina e a psicologia. É dentro desse contexto científico-cultural maior que se deve situar a análise da psiquiatria e da psicoterapia. Esta é a síndrome científico-cultural que vivemos: *a síndrome cultural narcísica do final de século.*

Chegamos à *década do cérebro* dentro desse contexto. O presidente Bill Clinton e o Congresso Americano denominam a década de 90 a *década do cérebro*, no sentido de enfatizar o reforço nas pesquisas de fisiologia e fisiopatologia cerebral. Começa uma nova fase e, também, por que não, uma nova moda na psiquiatria: a justificativa bioquímica para explicar os quadros psicopatológicos e os traços de personalidade. Assim, como no passado, tudo que fora orgânico e depois psicológico passa a ser bioquímico ou genético.

Quais seriam as perspectivas da psicoterapia e da psicoterapia de grupo para o século XXI? É de se prever a descoberta do componente genético de alguns transtornos mentais e de algumas características da personalidade, que terão seus aspectos psicossociais revalorizados e, por conseqüência, seu manejo psicoterápico redimensionado. Haverá um enxugamento da indicação indiscriminada de psicoterapia, resultando numa retração do número de profissionais na área psicológica — o que já começa a acontecer.

A psicoterapia, em sentido genérico, como prática que se propõe a ajudar pessoas com sofrimentos psicológicos, vai se adaptar à nova ordem científica, cultural e econômica, na qual pondera a tendência de comprovação de resultados. Esta é uma pressão que, apesar dos protestos, implantará na psicoterapia uma política de objetividade. Outro fator de pressão situa-se na tendência do mundo ocidental em submeter o atendimento médico aos seguros-saúde. Desta forma, as psicoterapias ficarão atreladas às companhias de seguro, privadas ou públicas, que exigirão psicoterapias breves, pouco dispendiosas e com resultados comprovados, fato que já se observa em alguns países. No que tange à objetividade e à rapidez (*sic*), prevê-se um largo uso de técnicas estratégicas e de ação.

A psicoterapia de família, que pertence ao campo das psicoterapias grupais, aqui incluindo a psicoterapia de casal e as psicoterapias vinculares (diferentes arranjos sociométricos intrafamiliares), pelo caráter direto de sua abordagem e pela brevidade (segundo algumas escolas) de seu processo, continuará se desenvolvendo. As pesquisas geracionais incluirão aspectos genéticos e psicológicos no estudo do perfil familiar e da personalidade de seus integrantes.

A Associação Internacional de Psicoterapia de Grupo — IAGP — assinala, na década de 90, um decréscimo considerável na afiliação de novas entidades em relação aos anos 70. Este dado demonstra que ou as entidades que tinham de se filiar já o fizeram em anos passados, ou, o que parece mais provável, que o movimento da psicoterapia de grupo não apresenta a mesma força. A observação local ratifica esse dado: hoje, na cidade de São Paulo, são realizados menos grupos processuais (psicanalíticos e psicodramáticos) do que nos anos 70 e 80. Isto não acontece porque se tenha chegado à conclusão de que a grupoterapia seja uma terapêutica menos efetiva. Ela continua tão eficaz quanto antes. Significa que a psicoterapia de grupo viaja na contramão da cultura atual. A *síndrome cultural narcísica do fim do século* se opõe ao grupal, ao público e ao comunitário. No entanto, o emprego de técnicas grupais em *workshops*, vivências, demonstrações de técnicas, cursos, seleção de pessoal e treinamento continua crescendo. Penso que no século XXI os grupos terapêuticos, acompanhando a tendência de "resultados", serão utilizados dentro do enfoque estratégico das psicoterapias breves, das psicoterapias temáticas (grupos de obesos, de fóbicos etc.) e em abordagens comunitárias voltadas para a medicina preventiva e para a saúde pública. A psicoterapia individual apresenta características que a grupoterapia não tem: exclusividade e aconchego. Mas a psicoterapia de grupo oferece o que a individual não proporciona: inserção relacional na rede grupal e observação por meio dos múltiplos olhares terapêuticos do grupo. Psicoterapia individual e de grupo tornam o processo psicoterápico completo.

Como os movimentos culturais acontecem em ondas — são oscilantes, vão e voltam, filtrados pelos valores da época —, é possível que tenhamos uma nova *era dos grupos*. Ela viria embutida em uma reação contra os valores remanescentes do *yuppismo* e da *síndrome cultural narcísica do fim do século*. Seria uma fase neo-*hippie*. Teríamos uma revalorização do grupal, do comunitário e da psicoterapia processual de grupo. Mas não tenho certeza se isto é uma previsão, ou o desejo saudoso do autor deste prefácio em relação aos valores de sua juventude.

José Fonseca

Introdução

> Dramatizar para desdramatizar.
> *J. L. Moreno*

Em qualquer trabalho com grupos — pedagógicos, terapêuticos ou operativos — um observador poderá fazer, em dado instante, a leitura metafórica pertinente ao funcionamento do grupo naquele momento.

Arrolemos as alegorias grupais mais conhecidas.

- *Mitológicas*: grupos dionisíaco, apolíneo, narcísico, edípico, prometéico.
- *Psiquiátricas*: grupos depressivo, maníaco, histérico, fóbico, delirante, esquizofrênico.
- *Psicanalíticas*: grupos oral, sádico-anal, fálico-genital.
- *Literárias*: grupos fáustico, quixotesco, macunaímico, "Huis-clos".
- *Existenciais*: grupos autênticos e não-autênticos.
- *Médicas*: grupos doentes e sadios, lembrando que um grupo de pessoas doentes pode estar sadio e um grupo de pessoas sadias pode estar doente.
- *Bíblicas*: grupos da Arca de Noé, à espera do Salvador, da Torre de Babel.

- *Orgânicas*: o grupo como organismo biológico, vivo.
- *Mecânicas*: o grupo como máquina e suas engrenagens.
- *Familiares*: o grupo como uma família e o seu romance.

No caso específico do grupo psicodramático, a metáfora fundante ou a alegoria mais forte é a gesta da criação.

Toda pesquisa e todas as intervenções que ocorrem no grupo psicodramático giram em torno da idéia da criatividade, que nos remete aos atos do nascimento e do renascimento: emocionais, afetivos, conativos e relacionais. E por aí mobilizam as forças psíquicas (conscientes e inconscientes) contidas no estado de espontaneidade, sempre em *status nascendi* — a pedra angular do edifício moreniano.

Em torno dessa idéia, os psicodramatistas brasileiros têm dado contribuição substancial para o entendimento dos primeiros ensinamentos, ampliando os conceitos e enriquecendo a sua prática, tornando consistente o cuidado com o grupo.

Em homenagem ao 1º Encontro Brasileiro de Psicoterapias Grupais, e para o conhecimento dos colegas de outras linhas, colhi artigos da *Revista Brasileira de Psicodrama*, e outros ainda não-publicados, para compor uma rica seqüência dirigida exclusivamente ao trato com os grupos que, por sua unidade e coerência, supera a condição de simples coletânea.

Agradeço à aquiescência de todos os autores em participar dessa empreitada, principalmente quando todos concordaram em ceder a eventual renda dos direitos autorais à tarefa de colaborar com a *Revista Brasileira de Psicodrama* — RBP. Uma contribuição singela que vale pelo simbolismo de solidariedade do gesto.

Também agradeço a Edith Elek, da Editora Ágora, por ter acolhido com entusiasmo o projeto deste livro.

Por fim, aos leitores, os meus votos para que façam bom proveito do conteúdo das propostas de trabalho aqui apresentadas.

Wilson Castello de Almeida
Editor da *Revista Brasileira de Psicodrama*

PARTE I

1

Breve história
dos grupos terapêuticos

*Luis Russo**

Ao me dar conta da vastidão de informações sobre o assunto — grupo — com suas infindáveis aplicações, em múltiplas áreas do conhecimento, entendi que uma pesquisa que reunisse informações gerais, datas, eventos marcantes etc. poderia ser de grande utilidade para quem trabalha com grupos. No caso, limitei o campo de abordagem ao que dissesse respeito a grupos no universo das psicoterapias. No entanto, alguns dados de caráter mais geral se fazem necessários para que o leitor possa se situar melhor, ao notar que o advento da utilização do grupo, para fins terapêuticos e da psicoterapia de grupo propriamente dita, não ocorreu ao acaso ou por inspiração isolada. Muitos fatores contribuíram, alterando significativamente os rumos do mundo ocidental, principalmente da segunda metade do século XIX em diante.

O que o século XIX nos apresentou como grande novidade foi a exteriorização da atividade de trabalho; isto é, o que antes era produzido em casa, pelas famílias, passa gradativamente a uma atividade industrial. De um universo restrito à família e à comunidade mais próxima, passa-se à atividade grupal com pessoas desconhecidas.

Londres e Paris, representantes ilustres dos avanços tecnológicos e industriais — poderíamos denominá-los como berço da civilização

---

* Psicólogo, psicoterapeuta, psicodramatista, professor-supervisor pela Febrap.

industrial no século XIX — são as cidades escolhidas para a migração de grandes contingentes humanos.

Nos dizeres da historiadora Maria Stella M. Bresciani, sobre Londres e Paris da época:

> Nenhuma questão se apresenta mais carregada de compromissos para os literatos do século XIX do que a multidão. E nas ruas a multidão é uma presença, seja na sua dimensão anônima, seja na apreensão de detalhes seus, exploráveis até certo ponto, o movimento de milhares de pessoas deslocando-se por entre o emaranhado de edifícios da grande cidade compõe uma representação estética da sociedade. As populações de Londres e Paris encontram-se com sua própria modernidade através dessa exteriorização; admiração e temor de algo extremamente novo (1994, p. 8).

A segunda metade do século XIX foi um período de grandes progressos sociais e avanços tecnológicos, em que podemos destacar uma série de homens e mulheres magníficos que, com suas contribuições, alteraram significativamente os rumos da humanidade, as quais só se tornaram possíveis graças à experiência proporcionada pela vida em grupo, seja por seus problemas e desafios, seja pelas oportunidades que foram geradas a partir de então. Um homem e/ou uma mulher, isoladamente, conseguem muito pouco; em grupo — independentemente da esfera do conhecimento que se esteja abrangendo —, a riqueza do convívio proporciona um avanço mais rápido, que favoreça maior número de indivíduos.

É nessa etapa da história que se observa o surgimento dos partidos políticos de massa e a doutrina do socialismo. Em 1868, Marx publica o volume I de *O capital*, marcando o apogeu da era liberal.

Aprofundemos, então, a questão do grupo, inicialmente em sua dimensão mais abrangente e, depois, na sua aplicação psicoterápica.

O conceito de grupo define-se por reunião de pessoas, pequena associação ou reunião de pessoas unidas para um fim comum (Holanda Ferreira, 1986, p. 871).

Já o conceito de grupo, aplicado a fins psicoterápicos, ou seja, psicoterapia de grupo, tem em Moreno sua definição oficializada no Encontro Anual da Associação Psiquiátrica Americana, conhecida como Simpósio da Filadélfia, em 1932: "É uma forma de tratamento que se propõe, como tarefa, tratar tanto o grupo como um todo, como cada um de seus membros através da mediação do grupo (Moreno, 1959, p. 19).

Como dissemos, esta é a definição oficializada, pois do início do século XX até a década de 30 encontramos muitas contribuições não-oficiais de experiências com grupos. Antes do século XX, o único trabalho de teor terapêutico com grupos de que se tem notícia são os experimentos de Mesmer. É Moreno mesmo quem nos fala a respeito:

> Mesmer utilizou as forças ativas do grupo, sem estar esclarecido sobre o caráter dessas forças. Costumava tratar, em conjunto, grupos inteiros. Nesses tratamentos, os pacientes tinham que se dar as mãos, pois ele acreditava que correntes circulantes entre os membros do grupo, que chamava de magnetismo animal, fornecessem novas forças a cada indivíduo (Moreno, 1959, p. 28).

Cronologicamente, de 1900 a 1970, encontramos vários experimentos com grupos na esfera psicoterápica. Da década de 70 em diante, o que podemos ver são aprofundamentos dos métodos psicoterápicos já existentes.

No início do século, as referências sobre grupo concentram-se na Europa e nos Estados Unidos, nos trabalhos desenvolvidos por Freud sobre as massas, por Moreno sobre o pequeno grupo social e por Pratt com pacientes tuberculosos.

Na publicação sobre tratamento psíquico (mental), Freud já identificara os efeitos da influência dos agrupamentos humanos, embora nunca tenha trabalhado com grupos. Na época, escrevia o seguinte:

> A crença piedosa do indivíduo é intensificada pelo entusiasmo da multidão em meio da qual ele faz, em regra, sua peregrinação até o local sagrado. Todos os impulsos mentais de um indivíduo podem ser enormemente aumentados por uma influência do grupo tal como essa (19, p. 44).

Joseph Pratt, médico radicado em Boston, trabalhava com grupos num hospital para tuberculosos. O seu método, segundo a classificação do psicoterapeuta analítico de grupos David Zimermann, denomi-nava-se "repressivo", antes chamado de reeducação moral, persuasão. Nos escritos de Moreno encontramos referências ao método de Pratt:

> (...) ao contrário do analista que deixa o paciente falar, sem inter-rupção e conscienciosamente, é também conhecido um outro tipo de terapeuta que fala sem pausa para o paciente, que deve ouvi-lo obe-dientemente. Esse método de aula e sugestão individual foi utilizado em grupos nos Estados Unidos sob a forma de classeterapia. Pratt, Lazell, Marsh, entre outros, tentaram influenciar grupos de pacientes, através de conferências, sem estudar ou conhecer a estrutura do grupo (Moreno, 1959, p. 32).

Entre 1908 e 1910, encontramos Moreno participando do movi-mento dos Wandervögel, em que jovens europeus, oriundos principal-mente dos meios acadêmicos e universitários, buscavam o encontro com a natureza e com a religiosidade. A convergência desses jovens organizou a fundação da chamada Religião do Encontro, que se cons-tituía uma crítica radical aos princípios industriais e burgueses que norteavam os valores capitalistas da Europa Central, entre o final do século XIX e o início dos anos 30.

As atividades daqueles jovens consistiam em ajudarem-se a si mesmos e aos demais, por meio de atenção e afeto às pessoas tristes e carentes que encontrassem em seu caminho, visitando-as em suas casas ou recolhendo-as na Casa do Encontro, uma propriedade man-tida por doações, que abrigava desalojados, migrantes e refugiados (Castello de Almeida, 1991, p. 23).

Entre 1913 e 1914, Moreno inicia seu trabalho com grupos de discussão de prostitutas de Spittelberg, na Áustria, e junto com o dr. Wilhelm Gruen, especialista em moléstias venéreas e Carl Colbert, editor do periódico vienense *Der Morgen*, propuseram-se a formar uma associação terapêutica, encorajando as prostitutas a ser o que eram. Na fala de Moreno vemos: "(...) nossas visitas não eram moti-vadas pelo desejo de melhorar ou analisar essas mulheres; (...) nós queríamos dar às prostitutas uma nova significação, de tal modo que pudessem aceitar-se a si mesmas" (Moreno, 1959, p. 167).

Nesta atividade específica, Moreno, além dos trabalhos com grupos, prenuncia os rudimentos das futuras comunidades terapêuticas, que tiveram sua fundamentação teórica dentro da psiquiatria social, inspiradas na prática das idéias de Maxwell Jones, na Inglaterra, durante a Segunda Guerra Mundial.

No mesmo período (1913-14), Moreno cria o conceito de Encontro, também empregado pela psicoterapia de grupo — terapia pelo encontro.

Entre 1915 e 1917, Moreno realiza experiências grupais e sociométricas em Mitterndorf, campo de refugiados da Primeira Guerra Mundial, localizado nas imediações de Viena. Observando as ocorrências cotidianas do campo, Moreno dá sua contribuição propondo o (re)agrupamento de pessoas por critério de afinidades, onde elas podiam se escolher mutuamente para atividades em geral, necessárias à organização do grupo perante as circunstâncias — condição de refugiados de guerra.

O ano de 1921 é marcante pelos ensaios teóricos e as experiências com grupos. Três expoentes destacam-se de modos diferentes: 1) Moreno dirige seu primeiro sociodrama público (a primeira sessão psicodramática) no Komoedien Hans, um teatro dramático em Viena, no dia 1º de abril, funda o teatro de improvisação na rua Mayseder, onde efetuou seu primeiro psicodrama público, tendo como protagonista um casal. Tal procedimento caracterizou os esboços de *Psicoterapia: ato, de caráter brevíssimo*[1] em que mostrou ser possível concretizar o tratamento de um grupo, de um casal e de uma pessoa em um único ato terapêutico; 2) Freud, ao publicar *Psicologia das massas e análise do ego*, mostra que na vida mental de um indivíduo há sempre outro alguém, uma relação interpessoal em andamento, na qual o ego assume múltiplas facetas em contraposição a seu interlocutor; 3) Kurt Lewin começa sua carreira docente no Instituto de Psicologia de Berlim, onde incentiva seus alunos a exprimir suas próprias idéias, críticas e observações próprias. No início dos anos 20, Lewin publica sua teoria de campo, a qual postula que o compor-

---

1. Fonseca Filho, J. de Souza. "O psicodrama verdadeiro". VIII Congresso Brasileiro de Psicodrama, 1992.

tamento de um indivíduo possui uma relação de interdependência entre a pessoa e seu meio, sendo a vida o resultado dessa interação.

Os anos 30 tiveram um papel fundamental no estabelecimento das teorias e das práticas sobre psicoterapia de grupo.

Moreno, em 1931, apresenta-se voluntariamente à Associação Psiquiátrica Americana, em Toronto (Canadá), para empreender forças quanto à viabilidade dos métodos de psicoterapia de grupo no sistema penal. Na apresentação do trabalho, que ocorreu no encontro anual da Associação Psiquiátrica Americana em 1932, conhecido como Simpósio da Filadélfia, Moreno responde às réplicas dos convidados que ouviam seu trabalho, baseando-se nos próprios referenciais da psicoterapia de grupo e, ainda, no mesmo simpósio, o termo psicoterapia de grupo — cunhado por Moreno — é oficializado pelo dr. William Alanson White, nos seguintes termos: "(...) Forma de tratamento do grupo como um todo, como cada um de seus membros através da mediação do grupo".

Em 1933, Kurt Lewin radica-se nos Estados Unidos, fugindo da Alemanha dominada pelo nazismo. Inicialmente, trabalha como professor na Universidade de Cornell, depois no Instituto de Pesquisas sobre o comportamento da criança na Universidade de Iowa. Seus trabalhos prosseguem até 1946, quando ele define os fundamentos para o que designou de pesquisa-ação, cuja pesquisa, no âmbito da psicologia social, não pode separar-se da ação.

Naquele tempo (1946), Lewin foi encarregado pelo estado de Connecticut, nos Estados Unidos, de formar professores, animadores e diretores de escola, dentro do espírito de uma melhor compreensão inter-racial. No evento, em que Lewin reuniu quarenta estagiários no State Teachers College da Nova Inglaterra, surge como conseqüência (quase ao acaso) de uma atividade o nascimento do conceito de *feedback*, tendo uma das participantes, impressionada com a maneira como seus atos são interpretados, gerado uma discussão na qual o *feedback* se torna a ferramenta principal do trabalho com aquele grupo.

Em 1947, Kurt Lewin vem a falecer, mas sua obra continua com a criação do First National Training Laboratory in Group Development (NTL) por um de seus alunos, Leland Bradford.

O auge dessa instituição acontece ao longo dos anos 50 e 60, mantendo seus objetivos iniciais: oferecer aos participantes uma experiência de grupo restrita, centrada na comunicação humana e na qual as relações dos participantes com as figuras de autoridade pudessem evoluir e tornar-se mais autônomas, pois os conflitos com a autoridade eram vistos como a fonte mais freqüente dos impedimentos e das filtragens de comunicação nos grupos (Gauquelin, 1978, p. 67).

O NTL deu contribuições importantes para o avanço da psicoterapia de grupo: idéias como o advento do T-GROUP (instrumento útil no diagnóstico de fenômenos grupais que detecta as relações de força e sua evolução no grupo, e evidencia a busca constante no grupo de um *leadership* e de bodes expiatórios); a criação de um posto avançado do NTL na Universidade de Los Angeles, o Western Training Laboratory in Group Development, que atinge sua plenitude nos anos 60, e na expansão dos projetos de William C. Schutz (conhecido como Bill Schutz), nome que deixou sua marca na psicoterapia de grupo.

A teoria de Schutz sobre as fases da evolução de um grupo preconiza que todo indivíduo procura satisfazer três necessidades básicas por meio das relações interpessoais:

1. Inclusão — ser reconhecido como membro de pleno direito da comunidade da qual participa;
2. Controle ou domínio — a necessidade de participar das decisões que lhe dizem respeito;
3. Afeição — a necessidade de estabelecer relações profundas com alguém (Gauquelin, 1978, pp. 67-73).

Em 1934, S. R. Slavson introduz o princípio do pequeno grupo, iniciado em uma clínica de orientação infantil nos Estados Unidos. Foi uma da figuras mais importantes em grupoterapia nos anos 30 e também co-criador da psicoterapia de grupo.

De 1930 a 1940, Pichon-Rivière, na Argentina, contribui de diversas formas para a psicoterapia de grupo. Na época, quando ainda estudava medicina, começou suas investigações sobre o grupo familiar de crianças oligotímicas — que possuíam uma aparência saudável. Diferente dos oligofrênicos que tinham uma base orgânica e estigmas físicos degenerativos, os oligotímicos apresentavam retardo significativo. Suas descobertas sobre a influência do grupo familiar no retardo mental dessas crianças basearam-se — nesses casos — em carências afetivas sofridas na tenra infância, no ambiente familiar.

Em 1939, Moreno realiza o "Psicodrama de um casal" no teatro terapêutico do Instituto Moreno. Foi o tratamento de um triângulo amoroso em dez sessões, com intervalos de uma semana. (Uma visão aprofundada deste trabalho, sob a forma de monografia, foi apresentada ao Departamento de Psicodrama do Instituto Sedes Sapientae, em São Paulo, pela psicóloga Valéria Arantes Barcellos, para obtenção do título de psicodramatista.)

Na década de 40, os trabalhos mais expressivos sobre grupos surgiram, sobretudo, na Argentina, nos Estados Unidos, na França e na Inglaterra.

Pichon-Rivière continua suas pesquisas sobre o grupo familiar e suas influências na doença mental. Naquele período, seus trabalhos estavam centralizados no Hospício de las Mercedes (Argentina), onde observava o estado dos pacientes no momento da internação e sua relação com a presença ou ausência da família — abordando o quadro do abandono familiar, da segregação do doente mental e o confinamento no hospício.

Próximo do final da década, em 1947, Pichon-Rivière concretiza suas hipóteses, criando os conceitos de grupo interno, porta-voz (que relaciona a estrutura e a dinâmica interna do grupo ou o mundo interno do porta-voz), que hoje é denominado *paciente identificado.*

Nos Estados Unidos, em 1942, Moreno cria a Sociedade de Psicodrama e Psicoterapia de Grupo, e o resultado de seus esforços culminou na geração das seguintes organizações: Associação Sociométrica Americana, em 1945; Sociedade Americana de Psicoterapia de Grupo e Psicodrama, em 1951; Comitê Internacional de Psicoterapia de Grupo em Paris (França), em 1951; Conselho Internacional de Psicoterapia de Grupo em Milão (Itália), 1963; e a incorporação internacional da Associação Internacional de Psicoterapia de Grupo — IAGP, em Zurique (Suíça), 1973 (Fonseca Filho, 1997, p. 4).

Em 1943, S. R. Slavson organizou a Associação Americana de Psicoterapia de Grupo — AGPA, e da rivalidade existente entre Moreno e Slavson, muita confusão foi criada a respeito de quem teria sido a criação do termo "psicoterapia de grupo", embora a definição que ficou instituída *a posteriori* tenha sido de Moreno.

O filho de Moreno, Jonathan D. Moreno, na introdução da autobiografia do pai, escrita em 1989, relata os embates, nos anos 50, entre Moreno e Slavson:

> A Sociedade Americana de Psicoterapia de Grupo e Psicodrama refletia o modo como Moreno conduzia a direção de suas atividades, pré-requisitos de formação acadêmica como título de pós-graduação, *strictu sensu*, eram irrelevantes para qualificar qualquer interessado como membro. A AGPA, de Slavson, por sua vez, procurava congregar em seus quadros somente membros pós-graduados; embora, ironicamente, Slavson não tivesse nenhum título de pós-graduação.
>
> Durante os anos 50, a rivalidade entre Moreno e Slavson era absurda, como quando Slavson dizia que o psicodrama fora inventado por um sueco chamado Jorgenson e importado para os Estados Unidos por alguém cujo nome era Moreno. Eu não tenho dúvidas de que meu pai não estava isento de culpa nestas questões. Mas o tempo dirá e, afortunadamente, os anos recentes têm mostrado a co-fertilização entre as duas sociedades (Moreno, 1989, p. 8).

Em 1946, Frederick S. Perls (conhecido como Fritz Perls) chega aos Estados Unidos e, com a ajuda de Eric Fromm, Clara Thompson e outros membros da Escola Psiquiátrica de Washington, que depois recebeu o nome de Instituto William Alanson White, estabeleceu-se profissionalmente e deu início às suas idéias sobre gestalt-terapia e terapia de grupo.

Em 1956, a gestalt-terapia surge oficialmente, fundada por Fritz Perls, tempo em que ele foi se afastando aos poucos do Instituto William Alanson White, dirigido então por Harry Stack Sullivan.

Na França, em 1947, os trabalhos sobre psicoterapia de grupo seguem o referencial norte-americano por intermédio de figuras expressivas como Monod, Lebovici e Diatkine.

Na Inglaterra, em 1948, W. Bion principia um trabalho com grupos terapêuticos na Tavistock Clinic. Suas contribuições, mundialmente reconhecidas, partem da concepção aristotélica de que o homem é um animal político e de que, para o seu desenvolvimento, a vida em grupo seria um fator essencial.

Num grupo, segundo Bion, há dois tipos de atividade: uma consciente e racional, que visa à cooperação de seus integrantes, e outra, emocional e irracional, proveniente do inconsciente, que funciona de modo oposto à primeira.

Seus conceitos fundamentais para a psicoterapia de grupo são os seguintes:

1. Valência — para a atividade emocional, de base inconsciente. Seria a capacidade de um sujeito entrar em contato de forma instantânea e involuntária com outro sujeito, para compartilhar e atuar sobre o plano de suposição básica.

2. Suposições básicas (dependência, luta e fuga, acasalamento) — na dependência, o líder do grupo é idealizado como um deus, os grupos dependentes esperam que haja algo externo que venha em seu auxílio, e como esperam quase tudo do terapeuta, tornam-se improdutivos.

3. Na luta e fuga, o grupo reage diante de um inimigo comum, lutando ou fugindo, e a fuga, quando empregada em excesso, pode acabar com o grupo.

4. No acasalamento, os membros do grupo mantêm uma postura de expectativa e esperança diante de uma dupla masculina, uma dupla feminina ou de um casal, ou ainda uma idéia ou ideal que ocupa o lugar das pessoas.

5. O sistema — protomental do grupo, que se definiria como a base de todas as suposições básicas, seria o estado no qual o físico e o emocional estariam indiferenciados. Por exemplo, quando houvesse uma manifestação de enfermidade física, existiria uma contraparte psicológica desconhecida.

6. Mentalidade grupal — seria a expressão unânime da vontade do grupo (a unanimidade como expressão de soberania do grupo).

7. Cultura grupal — a soma dos integrantes do grupo com suas peculiaridades individuais, a estrutura do grupo e o *work-*

group, que funciona de forma operativa na busca de solução para seus problemas.

Pouco depois de 1950, possivelmente por influência de Melanie Klein, sua analista, Bion acabou desistindo da psicoterapia de grupo. Também em 1948, S. H. Foulkes iniciou a prática da psicoterapia de grupo de base analítica, trabalhou com grupos de veteranos da Segunda Guerra Mundial e foi o fundador da Group Analytic Society; criou o programa de psicoterapia de grupo no Maudsley Hospital, em Londres.

Na psicoterapia grupal de base analítica, segundo Foulkes, o grupo é tratado com o objetivo de beneficiar seus membros de forma individual, independentemente de se observar e tratar o grupo como um todo, como sujeito do tratamento (Foulkes, 1967, p. 23).

No Maudsley Hospital, durante a Segunda Guerra Mundial, vemos despontar as idéias de Maxwell Jones, que desenvolveu o conceito e a prática de *Comunidade Terapêutica*.

Como uma parte do hospital fora deslocada para a escola, a de Mill Hill, Maxwell Jones foi designado para coordenar uma unidade de psicossomática que estudava a síndrome do esforço. Dos estudos realizados com os pacientes da unidade, percebendo a similaridade dos sintomas (dores na região do coração, falta de ar, palpitações, vertigens e fadiga, mais por causas psicológicas do que físicas), Jones decidiu, com sua equipe, comunicar aos pacientes como um todo como esses sintomas eram produzidos. Essa foi uma experiência de terapia de grupo de larga escala, com cem pacientes e seis equipes. Principiou em 1941, com uma série didática de palestras, mas logo seus colegas e ele descobriram que os pacientes aprenderiam muito mais sobre a própria condição se estivessem envolvidos em uma interação bidirecional, dialogando com uma equipe.

O conceito de comunidade terapêutica consolidou-se no período compreendido entre o final da Segunda Guerra Mundial e os 12 anos seguintes, quando Maxwell Jones começou com tratamento e reintegração social de soldados ingleses, ex-prisioneiros de guerra, no Belmont Hospital.

Posteriormente, a unidade mudou sua denominação para Unidade de Recuperação Social e, em 1959, tornou-se independente com o nome Henderson Hospital (Zimmermann, 1969, p. 17).

No início da década de 50, nasce nos Estados Unidos a idéia de criar uma psicoterapia familiar, com o intuito de melhor entender as relações entre o indivíduo e seu contexto, num período histórico marcado por grandes transformações socioculturais, crises geradas com o final da guerra, bem como progressos tecnológicos que refletiam suas conseqüências na instituição familiar.

A elaboração de diversificadas proposições teóricas em psicoterapia familiar solidifica-se nas décadas de 60 e 70.

Nos Estados Unidos, os pesquisadores concentram seu foco tendo como linha de base a teoria geral dos sistemas, apresentada pela primeira vez à comunidade científica pelo biólogo Ludwig Von Bertalanffy, em 1940, em obra com o título *Der organismus als physicalisches system betrachet, die naturwissenschaften.*

Entre 1951 e 1952, o antropólogo Gregory Bateson dirigiu o projeto que desenvolveu a teoria do duplo vínculo. O projeto Bateson teve lugar em Palo Alto, situado no estado americano da Califórnia, até 1962. Os membros em tempo integral neste projeto eram Gregory Bateson, John Weakland e Jay Haley. Havia também Don D. Jackson, M. e William Fry, em tempo parcial como consultores psiquiátricos.

Os interesses do grupo convergiam para o estudo dos paradoxos na comunicação. Em 1956, o clímax dessas pesquisas sobre cibernética e comunicação culminaria com a publicação de Bateson conhecida como *Toward a theory of esquizophrenia* (Gauquelin, 1980, p. 17).

O movimento psicoterápico familiar norte-americano, denominado como estratégico-sistêmico, era composto por profissionais notáveis como Paul Waltzlawick, Virginia Satir, Bandler e Grinder, Stephen Lankton, Jay Haley e Salvador Minuchin que, posteriormente, criou a teoria estrutural de família.

Na Inglaterra, a pesquisa em psicoterapia familiar notabilizou-se pela influência teórica da escola kleiniana, com uma visão aparentemente psicanalítica, mas com uma postura mais aberta e eclética, a qual corroborou para a fundação da escola antipsiquiátrica. O Instituto Tavistock de Londres, até hoje, é um dos mais importantes centros de estudo sobre família na Inglaterra. Por lá passaram psicoterapeutas de mérito incontestável, como John Bowlby e Ronald Laing.

Na Itália, Mara Selvini Palazzoli e seu grupo de Milão, e Maurizio Andolfi, em Roma, construíram um matiz próprio à psicoterapia familiar, criando modelos assentados em seu sincretismo cibernético e sistêmico somado às idéias de Palo Alto e do psiquiatra americano Milton H. Erickson com a experiência da escola antipsiquiátrica italiana (Gauquelin, 1980, p. 19).

Basicamente, uma das grandes contribuições da psicoterapia familiar foi a transferência da patologia do indivíduo para a família, pressuposto já defendido por Moreno quando se criou conceito de Átomo Social, publicado pela primeira vez em 1946 (Moreno, 1995, p. 402).

Ainda em 1956 surgem dois movimentos significativos para a psicoterapia de grupo: Fritz Perls inaugura oficialmente a gestalt-terapia e Eric Berne, psiquiatra americano, especialista em terapia de grupo, cria o termo *Análise Transacional*, que se converteu em mais uma modalidade psicoterápica de grupo.

No final da década de 50 e início da de 60, a evolução das experiências grupais atinge seu ápice nos Estados Unidos, principalmente na Califórnia. Tal região sempre foi vista pelo povo americano como uma fronteira a ser desbravada, e, quando não houve mais espaços geográficos para descobrir, o novo limiar a ser desvendado voltou-se para o próprio ser humano, sua vida interior representada por seus pensamentos, sentimentos, sensações e suas relações interpessoais.

Tal afluência recebeu insumos diretos do First National Training Laboratory in Group Development — NTL —, e do nascimento de Esalen em 1962 sob a égide de Michael Murphy, jovem intelectual norte-americano interessado em hinduísmo e contracultura.

Esalen tornou-se o centro de lançamento de grandes inovações nas técnicas de grupo. No início, o interesse da instituição era por novas formas de psicoterapia; depois, abarcou todo o tipo de técnica dirigida para o despertar da consciência, da sensibilidade e do crescimento da personalidade.

Por fim, as atenções em Esalen encaminharam-se para múltiplas filosofias e técnicas aprendidas no Oriente, concomitantemente adaptadas ao *American way of life*.

A primeira série de conferências em Esalen teve como principais oradores Aldous Huxley, que pronunciou um discurso histórico sobre "O potencial do homem"; e Alan Watts, que explanou sobre o quanto as disciplinas e as práticas adotadas por sábios na Índia poderiam ser úteis às psicoterapias.

Em Esalen foram realizados grupos de diferentes constituições: de mulheres, de homossexuais, de desabrochamento da sensualidade, de seguidores de preceitos tântricos que redescobrem as virtudes sagradas nas uniões físicas. Havia grupos para aprender a resolver problemas pessoais pelo humor, outros para descobrir os efeitos terapêuticos da música, para imitar os aprendizes de feiticeiros pela iniciação xamânica, para experimentar a parapsicologia, assimilar os princípios de uma vida sã conforme os recentes progressos da medicina preventiva (eventualmente chinesa), sem contar todos os grupos de gestalt, de encontro e de bioenergia.

Profissionais do calibre de Fritz Perls, Ida Rolf, Virginia Satir, Bernard Gunther e Charlotte Selver deixaram suas marcas em Esalen, atestando seu grau de importância para a evolução e para o aprofundamento da pesquisa e da prática da psicoterapia de grupo.

Atualmente, o papel do Instituto Esalen como matriz de novas técnicas tornou-se supérfluo. A instituição fez escola e gerou um número suficiente de multiplicadores para que o movimento continue a propagar-se por si só (Gauquelin, 1978, pp. 99-102).

Em 1965, Carl Rogers apresenta sua obra *Client centered therapy*, primeiro em terapia individual, depois nos seus próprios grupos, a noção de *"o grupo à escuta de cada um"*.

Rogers declara, em 1970, que a experiência organizada de grupo intensivo, no seu entendimento, é "a invenção social que teve a mais rápida expansão do século, e que se mostra, sem dúvida, como a mais poderosa e fecunda" (Gauquelin, 1978, p. 84).

Em 1969, Alexander Lowen publica *The betrayal of the body*[2] (Nova York, Callier Books), utilizando a aplicação da bioenergética,

---

2. No Brasil, publicado sob o título: *O corpo traído*. São Paulo, Summus, 1979.

que define como "As posições do *stress*". Lowen, assim como Reich, atribui grande importância às relações do paciente com seu corpo. Ele considera a expressão e a maneira de cada indivíduo se mover como elementos-chave da personalidade (Gauquelin, 1978, p. 139).

Em 1970, a bioenergia é introduzida na França pelo animador inglês Bill Grossmann, cuja base é lidar com o papel essencial do corpo na comunicação com o outro. Formam-se núcleos que trabalham com grupos. Daí em diante, o trabalho com grupos em bioenergética tornou-se uma constante. A bioenergia derivou dos trabalhos de Wilhelm Reich desde 1936 (Gauquelin, 1978, p. 129).

A partir da década de 70, o que encontramos são aprofundamentos dos métodos psicoterápicos de grupo já existentes. No Brasil, o psicodrama chegou na década de 60, por intermédio de iniciativas isoladas de profissionais brasileiros e estrangeiros, alguns radicados no Brasil. Porém, mais precisamente em 1976, o psicodrama brasileiro ganha uma configuração institucional com a criação da Federação Brasileira de Psicodrama — Febrap, inspirada nos esforços do médico-psiquiatra e psicoterapeuta brasileiro José Fonseca.

Como o objeto dessa pesquisa se limitou ao levantamento e à organização de informações sobre os iniciadores do trabalho com grupos no universo das psicoterapias, deixamos em aberto a continuidade do projeto quanto ao que tenha ocorrido com as psicoterapias de grupo da década de 70 em diante.

Como última etapa dessa pesquisa, voltando a Moreno, será útil colocarmos aqui a síntese de suas idéias no que diz respeito à psicoterapia de grupo. Para tanto, nos remetemos à sua fala, publicada em setembro de 1968, na *revista da Associação Argentina de Psicoterapia de Grupo* — da qual Moreno foi diretor honorário — em comemoração aos 25 anos de existência da psicoterapia de grupo. Explanamos a seguir seus princípios gerais, acrescidos de nossos comentários:

a) O princípio da interação terapêutica: o ingresso em um grupo de terapia espontânea resultará vantajoso para as pessoas que não se recuperam sozinhas ou por meio de alguma forma de análise psicológica ou medicação, porque é somente por meio da interação de uma ou mais pessoas com o paciente que as tendências curativas se fortalecem e as discordantes se controlam, sendo esta também a forma que o paciente influi no mesmo sentido sobre os outros membros do grupo.

b) O princípio de representação no aqui-e-agora cronológico e existencial: este é o único marco de referência válido e a oportunidade para a integração terapêutica na qual o indivíduo aprende sobre si mesmo e se recupera. Nosso enfoque tem sido o do experimento direto. O momento não é parte da história e, sim, a história que é parte do momento, deve ver-se *sub species momenti*. O passado de um indivíduo se reflete em seus atos e na maneira de interagir com os outros, a todo momento, de modo que o indivíduo com conhecimento — intelectual, emocional e sensório-motor — de si tem possibilidade de interferir em seu futuro.

c) O princípio de espontaneidade e improvisação, expresso no caráter imprevisível da interação. O indivíduo mais preparado para lidar com situações de SURPRESA aumenta sua disponibilidade para responder de forma cada vez mais comprometida com o real.

d) O princípio do *acting-out*: o *acting-out* dos membros do grupo não está proibido, como na psicanálise, sendo permitido em diversos graus, de acordo com as circunstâncias; é o *acting-out* terapêutico — controlado e manejado no *setting* psicoterápico — em contraposição ao *acting-out* irracional, que ocorre na vida cotidiana e não é aproveitada de maneira útil.

e) A comunicação pela ação é aprendida antes da verbal e, não obstante, é mais segura. Além da comunicação verbal, os demais modos de comunicação refletem as inteligências múltiplas existentes no indivíduo e passíveis de evolução.

f) A análise se baseia nos acontecimentos da representação e não sobre algo que possa ter ocorrido antes da sessão. O que ocorre no dia-a-dia de um membro do grupo é trabalhado durante a sessão por meio de representação acompanhada pelo(a) psicoterapeuta.

g) O princípio da situação familiar e a catarse familiar na gênese da estrutura do grupo.

Temos estudado a organização da família, porém não do ponto de vista psicanalítico que a estuda a partir do indivíduo, de suas relações com o pai, com a mãe etc., tal como estão refletidas dentro do indivíduo. Nós temos estudado as interações, desde o ponto de vista de cada um dos membros da família, até todos os pontos de vista. O enfoque psicanalítico do drama de Édipo é correto na medida em que considera o complexo de Édipo como uma reação individual que serve de espelho a todas as pessoas que o rodeiam. Porém, para representar o drama real e completo de Édipo, é necessário uma análise das interações. Deve haver uma análise individual de cada um dos envolvidos: Édipo, seu pai Laio e sua mãe Jocasta. Encontraremos, então, que assim como Édipo pôde em seu complexo odiar seu pai e amar sua mãe, seu pai teria em relação a ele e a Jocasta o complexo que poderia chamar-se o complexo de Jocasta. Assim, veremos, complexos de Laio com relação a Jocasta e de Jocasta com relação a Laio (Moreno, 1968, pp. 13-15).

O entrelaçamento dessas três pessoas, as fricções e os conflitos entre seus complexos produzirão o processo psicológico real de suas interações, que é da forma em que o processo dramático se reflita em Édipo somente, ou como é reproduzido no interior de seu pai ou de sua mãe separadamente. Em outras palavras, obteremos uma multiplicidade de inter-relações que são, por assim dizer, ambicêntricas. Com esta forma de estudo conseguiremos um *insight* das relações intragrupo sobre como está organizado o grupo familiar.

h) O princípio do *working out* (elaboração pela ação), em contraste com o *working through* (elaboração pela análise) do psicanalista. A elaboração pela ação não nega elaboração pela análise, mas vai adiante e focaliza sua atenção no indivíduo como um *ator em situação que realiza atos baseados em atitudes e hábitos adquiridos ao longo da vida.*

i) O princípio da catarse de integração em contraste com a catarse de ab-reação. Mais que um impulso desgovernado, a catarse de integração é o ato, a resposta dada pelo indivíduo ao meio ou a si mesmo, na qual todas as partes de seu ser — corpo, sentimento, sensações — se expressam harmonicamente, compromissadas com a realidade experienciada.

j) O gravar e escutar em seguida e seu valor para objetivar e conservar os processos do grupo são importantes para um estudo cuidadoso depois da sessão. Atualmente, a filmagem de sessões psicoterápicas, em vídeo, converteu-se em poderoso instrumento para que os próprios pacientes se "vejam *in situ*".

k) Diagramas de interação dos grupos terapêuticos. Permitem a análise sistêmica e a medição da interação espontânea. Diagrama seria o equivalente ao que, em psicoterapia familiar de abordagem sistêmica, se denomina genograma.

l) Tamanho ótimo de grupo terapêutico: análise de um grupo de sete e análise de uma díade. Em um grupo terapêutico é essencial que haja número de integrantes suficiente para o estabelecimento de relações em corredor (díades), triangulações (tríades) e circularização em que os participantes se vejam como um todo, um sistema.

m) Valor terapêutico do grupo centrado num líder, ou sem líder. Todo o grupo passa por estágios ou fases de desenvolvimento, como os de isolamento, nos quais as pessoas ainda não se conhecem entre si; *diferenciação horizontal*, que se caracteriza pelo fato de cada membro do grupo executar atos individuais, mas voltados para os outros com aproximação e afastamento entre as pessoas; e *diferenciação vertical*, na qual surgem líderes no grupo (Knobel, 1976, pp. 52-3).

n) O grupo equilibrado e o princípio de similaridade. Os grupos devem ser construídos de tal maneira, em número de integrantes, que cada um dos membros possa conhecer todos os demais intimamente.

Bem, é chegado o momento de encerrar esse processo de busca, mas, quando as respostas encontradas levantam mais perguntas do que certezas, como devemos proceder? Parece que a busca é um moto-contínuo. Um artigo escrito pode gerar uma centena de outros artigos favoráveis ou contrários, ou até mesmo a dura indiferença.

Quando iniciei este pequeno projeto, minha primeira intenção era a de restabelecer a Moreno o lugar de destaque que ele sempre mereceu, mas, por questões humanas, demasiado humanas de sua personalidade controversa, freqüentemente o colocaram no lugar da indiferença e do desconhecimento de algumas parcelas da comunidade acadêmica com posições contrárias às suas.

À medida que a pesquisa caminhou, fui descobrindo a beleza das idéias de Moreno, bem como seu papel de pioneiro na psicoterapia de grupo; porém, também pude ir constatando que ele não foi o único; créditos devem ser dados a tantos outros homens e mulheres que, como já mencionei no início deste artigo, captaram o momento da história da humanidade que, a seu modo, já necessitava do avanço das pesquisas sobre a vida em grupo, inclusive no campo psicoterápico.

Além de Moreno, tantos outros nomes foram citados aqui, e há também os que, por falha ou desconhecimento meus, não foram colocados. A todos eles devemos o conhecimento adquirido por seus esforços pioneiros. Quem sabe, o futuro nos ensine a dar valor a todo conhecimento útil, e não só àquele que mais nos agrada ou combina com nossas preferências pessoais.

Moreno, quando fundou a Associação Internacional de Psicoterapia de Grupo — IAGP, procurou congregar diferentes tendências da psicoterapia de grupo, de influências psicanalíticas e psicodramáticas. Atualmente, há um Departamento de Psicoterapia Familiar, em que a corrente de influência sistêmica também encontra o seu lugar merecido. É provável que a maturidade adquirida com a velhice o tenha feito enxergar muito além de sua personalidade controversa, possibilitando-o ao acolhimento, em seu coração, de todos aqueles que se esforçam pelo bem comum, embora possam parecer também personalidades controversas, humanas, demasiado humanas.

REFERÊNCIAS BIBLIOGRÁFICAS

BRESCIANI, M. S. *Londres e Paris no século XIX: O espetáculo da pobreza*. São Paulo, Brasiliense, 1994.

CASTELLO DE ALMEIDA, W. *Moreno: encontro existencial com as psicoterapias*. São Paulo, Ágora, 1991.

FONSECA F. O psicodrama verdadeiro. *In*: "A pluralidade do psicodrama", apresentado no VIII Congresso Brasileiro de Psicodrama, 1992, e reeditado no *Jornal da Febrap*, São Paulo.

FONSECA, F. The beginnings of IAGP: an historical approach. The International Forum of Group Psychotheapy, v. 6, nº 2, Montreal, Canadá, 1997.

FOULKES, S. H., ANTHONY, E. J. *Psicoterapia de grupo*. Rio de Janeiro, Biblioteca Universal Popular, 1967.

GAUQUELIN, M. *Psicoterapia de grupo*. Paris, Retz — CEPL, 1978.

_____. *Psicoterapia de grupo*. Lisboa/São Paulo, Verbo, 1980.

GOMES, J. C. V. *Manual de psicoterapia familiar*. São Paulo, Vozes, 1987.

HALEY, J. *Psicoterapia familiar*. Belo Horizonte, Interlivros, 1979.

HOLANDA FERREIRA, A. B. *Novo dicionário da língua portuguesa*. São Paulo, Nova Fronteira, 1986.

JONES, M. *A comunidade terapêutica*. Petrópolis, Vozes, 1972.

KNOBEL, A. C. *Revista Brasileira de Psicodrama*, v. 4, fasc. 1, 1976.

MARINEAU, R. F. *Jacob Lévy Moreno, 1889-1974 — Pai do psicodrama, da sociometria e da psicoterapia de grupo*. São Paulo, Ágora, 1992.

Mc LELLAN, D. *As idéias de Marx*. São Paulo, Cultrix, 1975.

MORENO, J. L. *Journal of Psychotherapy Psychodrama Sociometry*, Editor's Introduction, Heldref Publications, 4000, Albemarle St., NW, Washington DC 20016, 1989.

_____. *Cuadernos de psicoterapia: un cuarto de siglo de psicoterapia de grupo*. Argentina, Ediciones Genitor, v. III, nº 2, set., 1968, BsAs.

_____. *Psicodrama*. São Paulo, Cultrix, 1995.

_____. *Psicoterapia de grupo e psicodrama*. São Paulo, Mestre Jou, 1959.

OSÓRIO L. C. *Grupoterapia hoje*. Artes Médicas, 1989.

PY, L. A. *Grupo sobre grupo*. Rio de Janeiro, Rocco, 1987.

SHEPARD, M. *Fritz Perls — la terapia guestaltica*. BsAs, Argentina, Paidós, 1977.

ZIMMERMANN, D. *Psicoterapia analítica de grupo*. São Paulo, Mestre Jou, 1969.

2

Brasil 70
psicodrama antes e depois*

*Antonio Carlos Cesarino***

A solicitação que me foi feita é a de que falasse do caminho percorrido pelo psicodrama entre nós e das situações mais significativas que marcaram esse percurso.

Acredito que a maneira mais adequada de abordar essa história é tentar contextualizar esse desenvolvimento. A consideração do contexto em que algo se passou (e continua acontecendo) é naturalmente indispensável para a compreensão de qualquer acontecimento. Mais ainda, quando ele se revela como algo que marcou um período: os acontecimentos que vamos abordar não apenas caracterizaram determinada época, mas foram produto de determinadas condições históricas.

Não será possível, neste pequeno espaço, descrever a contribuição de cada um dos grupos e das pessoas que foram protagonistas desse movimento. Forçosamente, nos distanciaremos do detalhe, na tentativa de contemplar o conjunto. Por isso, não falo de tentativas

---

* Este texto foi preparado para uma exposição de cerca de vinte minutos no 11º Congresso Brasileiro de Psicodrama, em 1998. Por essa razão, é necessariamente sucinto e não trata todos os assuntos com os detalhes possíveis.

** Doutor em Medicina pela Faculdade Heidelberg (Alemanha). Professor de Psiquiatria da Fac. de Ciências Médicas e Biológicas da Unesp. Professor de Psicopatologia da Faculdade de Psiquiatria da PUC. Professor Fac. Ciências Médicas da Santa Casa. Assistente da cadeira de Psiquiatria da USP. Presidente da SOPSP. Membro do Conselho Regional de Medicina há 10 anos.

anteriores, do final dos anos 60 que, embora importantes, constituíram experiências isoladas, que não tiveram maior impacto em nosso universo psi.

Iniciamos, portanto, as nossas considerações a partir do final dos anos 60, mais exatamente a partir de 1967. Durante o V Congresso Latino-Americano de Psicoterapia de Grupo, pela primeira vez, para a maioria dos presentes (maioria de médicos), surgiu a oportunidade do primeiro contato com o psicodrama por intermédio de um psicodrama público dirigido por Rojas Bermudez, médico colombiano radicado em Buenos Aires. Foi muito grande o impacto desse psicodrama: entre outras "novidades", via-se sem disfarces e reticências a coragem de um terapeuta que se arriscava em público a mostrar a sua forma de trabalhar (mostrar, e não falar sobre ela), o que era extremamente novo no mundo psi de então.

A partir daí se inicia realmente, com grande força, o movimento psicodramático brasileiro. Não entraremos, neste momento, nos detalhes dessa história. Remetemos o leitor para a literatura que conta, por vieses diferentes, muitos fatos e nomes desse começo. Apenas quero lembrar os nomes de Oswaldo Dante Milton Di Loreto e Michael Rainer Schwarzschild[1] como os organizadores do primeiro grupo de formação, em fevereiro de 1968.

Era uma época que, como todos sabem, foi marcada por condições peculiares. Devo recordá-las sucintamente. No campo político vivíamos em plena ditadura militar, em seu período mais violento, em que quase todos os dias se ouviam (eu disse "se ouviam": grande parte da informação era transmitida "boca a boca") notícias de que alguma pessoa conhecida estava presa e seria torturada ou morta. Os meios de comunicação estavam severamente censurados, não podiam difundir idéias, notícias ou discussões que não interessassem aos governantes de então. Isso naturalmente causava uma grande deformação das informações que se podia receber: criava confusão, aumentava o medo. Não havia o que chamamos de liberdade de expressão em qualquer meio público de comunicação. Toda a parce-

---

1. Para mais informações veja também: Coimbra, C., 1995; Araujo, V. A., 1976; Alves, L. H., 1988; Navarro, M., Cesarino, A. C., 1974, entre outros.

la potencialmente questionadora da população estava sob vigilância, muita gente já tinha sido expulsa das universidades, dos institutos ou do país. O dispositivo sindical tinha sido destruído ou cooptado, em larga extensão.

No campo educacional, as escolas experimentais ou vocacionais (que criavam jovens "indagadores") eram desativadas rápida ou paulatinamente; os currículos universitários eram expurgados ou desnaturados, a escola pública, até aí em franca evolução, era reduzida a pouco mais do que a uma instância alfabetizadora.

Isso dentro e como parte integrante de um marco mundial de desenvolvimento ainda maior do capitalismo monopolista internacional que nos condenava (como ainda condena) a persistir na situação de subdesenvolvimento definitivo, na condição de parceiro menor, que recebia apenas as sobras da produção de bens. O Brasil se industrializava, sempre sob o capital estrangeiro dominante, e essa industrialização criava o fenômeno de urbanização acelerada, com o crescimento de uma nova classe média urbana. Essa migração rompia laços sociais tradicionais, mudava valores, modificava lugares e formas de moradia, transformava os vínculos de trabalho. O surgimento da pílula anticoncepcional e a queda do tabu da virgindade alteravam a moral sexual. Por que estou falando disso? Essas modificações tinham conseqüências sociais importantes para o nosso tema.

Por um lado, criavam a expectativa de um desenvolvimento que traria o padrão do Primeiro Mundo para essa classe média emergente; por outro lado, aumentavam as dificuldades próprias de um regime de exclusão, deixando mais visíveis as contradições e as injustiças dessa evolução. As pessoas atingidas por essas revoluções de costumes passaram a sentir crescente inquietação psíquica relacionada com uma readaptação às novas expectativas.

Antes do fatídico 1964 havia grande efervescência política. Principalmente a juventude universitária de classe média (mas também parcelas das classes populares) participava com entusiasmo de grandes movimentos nitidamente políticos; havia também a idéia mística de "conscientização popular". Nessa época, todo o continente sul-americano acompanhava os desenvolvimentos e desdobramentos políticos e subjetivos da revolução de Cuba. Além dos movimentos propriamente políticos, de envergadura relativa, o grande peso da atuação se deslocou para o setor cultural.

No mundo se desenvolvia a contracultura; seus reflexos se faziam sentir também aqui, e os movimentos contestatórios se localizavam mais nitidamente no grande crescimento da produção cultural, em que claramente havia uma hegemonia do pensamento de esquerda. Aí se inscrevem o Cinema Novo, o teatro de Arena, os festivais de música popular marcados pela música de "protesto", de denúncia social. O clima era de engajamento político, e a indústria cultural assumiu um papel extremamente importante, na medida em que era aceita pela mídia, fazendo com que essas idéias circulassem. Entretanto, a circulação dessas idéias era, em crescente expansão, bloqueada para as classes populares. Há quem diga que, na época, havia uma espécie de "guerra civil" na mídia entre as duas tendências. De um lado, o que se chamou pejorativamente de "esquerda festiva" e, de outro, a produção do tipo "jovem guarda". Assim, contra o engajamento político e a pressão pela tomada de consciência cada vez mais contestadora e revolucionária, se opunha principalmente para as classes populares e para a juventude não-universitária dessas mesmas classes populares a eliminação da idéia da participação política.

Toda situação histórica cria uma subjetividade (maneira de pensar, sentir, perceber-se a si mesmo e ao mundo. Isso é produzido por esses arranjos sociais, políticos, culturais etc.).

Aos poucos, a sociedade em geral vai sendo parcialmente anestesiada pela situação criada pelo "milagre econômico", cujas sobras levavam a classe média a se voltar cada vez mais para uma grande e alegre possibilidade de consumo nunca experimentada. A mística de ascensão social, de proteção da família que vinha sendo questionada em sua estruturação tradicional, de resistência à crescente liberdade sexual e às inusitadas modificações de comportamento dos jovens são algumas das características dessa subjetividade que se tornou hegemônica. Essa parcela majoritária da população passou de maneira ativa ou passiva a apoiar a ditadura, na medida em que ela era ligada à conservação desses valores tradicionais (e dos ganhos — ou ilusão de possíveis ganhos recém-adquiridos). Assim foi sendo criada a figura dos "subversivos" ou "comunistas" que era associada à promiscuidade, às drogas e a toda sorte de descaminhos.

Como o alvo almejado agora era "subir na vida", ter sucesso financeiro e profissional dentro de um esquema cada vez mais semelhante ao do "Primeiro Mundo", foi se desenvolvendo a competição, o individualismo, e o direcionamento para o social se deslocou para o que se chamou de "intimismo" crescente: preocupação e interesse com o próprio bem-estar, com a família e a busca de soluções individuais para toda a sorte de sofrimentos, nem sempre apenas pessoais, mas de origem social. O passo seguinte foi o da "psicologização" progressiva da vida.

O "contestador" passou a ser visto como um neurótico que tentava resolver seus conflitos pessoais de forma inadequada. A preocupação com a coisa política foi sendo desvalorizada, cada vez mais "essas coisas" eram assuntos "deles", os "políticos", e não nossas, que temos de cuidar de nossas vidas e de nossas famílias. Perdeu-se a possibilidade interna de associar "nossa vida" com a vida da coletividade e suas vicissitudes.

Com o AI-5 (dezembro de 68) surgiu um novo dado para acentuar essa postura. A repressão tornou-se brutal, estabeleceu-se um terrorismo de Estado, em que todas as garantias e liberdades civis foram abolidas. A atividade política aberta foi circunscrita ao estritamente permitido e o *medo* passou a ser o grande denominador, que com maior ou menor grau de consciência norteava os posicionamentos.

Os movimentos de resistência foram desaparecendo. A luta armada foi esmagada violentamente, a contracultura foi sendo lentamente absorvida, transformada em modismo, "naturalizada" como natural inconformismo dos jovens.

Claro que essa é uma visão geral, que necessariamente exclui aqui a discussão da permanência de subjetividades singulares de grupos menores, que persistiam sob cansaço na trincheira. Muitas dessas subjetividades singulares, libertárias, criativas, revolucionárias resistiam dentro do conjunto social, mais como sentimentos subterrâneos, sem encontrar forma de explicitação.

No campo profissional psi também havia pouca abertura, poucas possibilidades de crescimento ou expansão para os jovens que queriam entrar no trabalho (ou no mercado psi, então crescente). Fazia parte da subjetividade dominante o movimento "para dentro", para a família, para a preocupação com a própria intimidade e um crescente interesse pelas questões de personalidade e sentimentos individuais. Tudo é correlato de uma subjetivação individualista, subproduto de um individualismo crescente, que priorizava o privado em detrimento do público. A tendência geral progressiva era de uma "psicologização" de tudo (da política, inclusive, com um esvaziamento dessa preocupação: a política é coisa "deles").

Nesse quadro, em que aumentava a demanda de cuidados e de atenção psi, os caminhos para o jovem recém-chegado estavam *fechados*: de um lado a psiquiatria oficial (das universidades) organicista, preconceituosa, reacionária, limitada, comandada pelas figuras mais retrógradas do mundo psi de então. Na prática, negava qualquer compreensão psicodinâmica do comportamento ou de causa dos distúrbios psíquicos (apesar de fazer o discurso de consideração biopsicossocial desses distúrbios). Negava importância e papel real no trabalho a todos os outros profissionais de saúde mental, então chamados de "paramédicos" (inclusive os psicólogos).

De outro lado, a psicanálise. Elitista, fechada, corporativista, dona da única "verdade" a respeito do psiquismo humano. Também aqui se repetia o modelo capitalista. Os poucos detentores do capital (aqui o "verdadeiro" saber psicológico) concentravam esse capital em poucas mãos e apenas o vendiam a poucos escolhidos.

A psicanálise de então exigia uma penosa e longuíssima espera de muitos anos para se iniciar a terapia "didática" (quatro sessões por semana, única forma caríssima de se aproximar da entrada do templo do saber psicanalítico) e/ou para entrar no aparelho formador — Instituto de Psicanálise. Isso tudo era praticamente inacessível à maioria dos jovens profissionais.

Dessa maneira, a psicanálise tinha uma nítida cumplicidade (mais ou menos consciente) com o sistema socioeconômico. Por um lado, criava a idéia de que a psicanálise não poderia ser aprendida em outro lugar (por exemplo, na universidade) que não na própria Sociedade de Psicanálise: recado de que a "privatização" melhora a qualidade do serviço; por outro lado, a formação "verdadeira" só podia acontecer ali: *monopólio* do saber (e do poder a ele ligado). Além disso, deve ser praticada individualmente (terapia de grupo era desconsiderada), fortalecendo o isolamento individualista. Apenas ela era capaz de ensinar o verdadeiro conhecimento psi: era dona do "discurso competente" (expressão de Marilena Chauí. A crença nesse discurso competente cria um sentimento de incompetência individual e coletiva, que pode ser utilizada como forma sutil de dominação). Além disso, trabalhava com os mesmos valores hegemônicos acima referidos: necessidade de crescimento pessoal, intimismo, família como única instância de vivência válida etc.

Paralelamente, havia poucos profissionais que se dedicavam ao trabalho de grupo, mas não havia onde conseguir uma formação adequada. Na época, a única exceção era o Instituto Sedes Sapientiae, trabalho pioneiro e já contestador da saudosa madre Cristina Sodré Dória que, talvez, seja uma das figuras mais importantes do movimento psi do Brasil. Seu instituto era um oásis com poucos recursos e muita abertura.

Pois foi dentro desse quadro cinzento que surgiu o psicodrama entre nós. E chegou como? Não há tempo para detalhar toda a história.

Chegou como é o jeito de uma boa sessão de psicodrama: quebrando tabus, explodindo estruturas. Nossos tutores argentinos vinham a cada dois meses e aqui ficavam cerca de oito dias. Nessas semanas, o clima era mágico; é muito difícil descrever. Basta dizer, por enquanto, que havia uma inusitada sensação de estar vivendo algo historicamente novo. Em poucos meses, os três grupos iniciais de formação cresceram para 11 grupos (mais de 120 alunos). Foi tão grande a procura, que foi necessário (porque a estrutura não conseguia dar conta) barrar de início a incessante demanda.

O que aconteceu às pessoas que participavam dessas experiências iniciais? O *boom* do psicodrama em São Paulo teve na época enorme repercussão no meio psiquiátrico-psicológico de São Paulo.

Alterou de início o fluxo de demanda dos clientes de psicoterapia. Modificou relações familiares de muitos dos envolvidos; não foram poucos os casamentos que explodiram, as relações individuais se modificaram, criaram-se sólidas e definitivas ligações e, naturalmente, as relações terapêuticas se modificaram. Num período em que tudo era perigoso, penoso e limitado, surgiu subitamente diante de um grupo de jovens não apenas uma alternativa dentro da formação psicoterápica, mas um mágico espaço *desalienante* e *libertador*. Esse grupo sentia dentro de si mesmo o crescer do "homem espontâneo" de Moreno, a natureza livre da "plena atualidade do viver". Durante as semanas do curso havia um grande sentimento de pertencer a um grupo essencialmente amigo, próximo; aí se vivia e se atuava, se sentia calor humano, se dava e se recebia afeto sem economia e sem reticência; as relações se realizavam com grande calor e riqueza humana.

Ilusão que preenchia carência anterior de liberdade e descontração? *Acting-out* coletivo (como diziam os psicanalistas de então)? Talvez também, mas foi um grupo intensamente produtivo.

Em 1970, realizamos em São Paulo o V Congresso Internacional de Psicodrama e o I Congresso Internacional de Comunidade Terapêutica. Foi a oportunidade de apresentar ao grande público o psicodrama. A grande afluência a esse Congresso, para o qual se inscreveram mais de três mil pessoas, de muitas áreas que não apenas a psicoterápica, revestiu-se de muitos significados.

O lugar escolhido foi o então ainda novo Museu de Arte de São Paulo, em plena Avenida Paulista, isto é, bem dentro da cidade. Propositadamente, não foi escolhido um lugar distante, de acesso difícil. Muitas das pessoas inscritas eram simples passantes, que quiseram participar. O espaço onde se desenvolveram os trabalhos foi criado por Lina Bo Bardi que, com perfeita compreensão de nossas intenções, criou dentro do museu locais adequados, feitos de madeira, para grandes grupos, com muita luz, para que tudo fosse visível e audível. A simultaneidade com o Congresso de Comunidade Terapêutica significava que estávamos tentando criar um movimento que fosse além da prática de consultórios, que queríamos atingir o trabalho institucional.

Para dar uma idéia do clima, lembro-me de que a própria Lina Bo Bardi retirou de livros de Moreno frases que foram pichadas nas paredes de madeira dos diferentes recintos; pois bem, agentes da repressão exigiram que essas frases fossem retiradas antes do início das reuniões.

Estiveram presentes quase todas as figuras de porte internacional do psicodrama na época. Em virtude de questões da política de poder dentro do movimento internacional do psicodrama, que não vamos detalhar aqui, Moreno, presidente do Congresso, e sua mulher, Zerka, não compareceram. Além disso, figuras como Georges La-passade, do então incipiente movimento de Análise Institucional, além do Living Theatre, grupo de vanguarda teatral da época, compareceram espontaneamente. Lapassade se propôs a fazer, à revelia da direção do Congresso, sua análise institucional, assim como o Living Theatre queria apresentar seus espetáculos. Tudo isso também foi proibido pela repressão. De contrapeso, tivemos de admitir como congressistas numerosos oficiais do serviço de inteligência do II Exército, também "muito interessados em psicodrama". Gratuitamente, claro.

O Congresso se transformou num grande *happening*. Para a época, foi algo genuinamente revolucionário. Recebeu grande espaço na imprensa, suscitou muitas críticas e reações negativas, sobretudo dos representantes das instituições contrariadas.

Talvez uma das melhores descrições do que ali se passou, nas palavras de Luiz Henrique Alves (1988):

> 1970 foi o ápice de uma época de proibições. (...) O arbítrio da ditadura calava as manifestações culturais, artísticas, sindicais — o império do silêncio, a proibição do encontro entre as pessoas. (...) Afinal, se a ditadura decretava o isolamento, aí se organizava o encontro; se o poder impedia manifestações, a nova proposta, insurgente, as reconhecia e estimulava; ao poder que impunha o fracionamento e a conspiração, o movimento psicodramático propunha a comunhão de indivíduos e o encontro-confronto direto entre os homens. Assim, o contexto social torna-se texto grupal; as contradições da sociedade silenciada ganham luz no congresso e ele próprio se constitui em grito de liberdade e democracia social.

O Congresso foi um divisor de águas. Com ele se inaugurou no Brasil o enfrentamento ao então hegemônico domínio da psicanálise no contexto das psicoterapias, abrindo o caminho para as numerosas formas de psicoterapias "alternativas" que se desenvolveram a partir daí. A palavra "alternativa" é significativa, pois quando se fala de alternativo está se significando algo diferente, dissonante em relação ao tradicional.

Em análise institucional, quando se fala em *instituinte* estamos querendo falar em algo novo, que vem surgindo, criando algo mobilizado por forças produtivas e revolucionárias que tende a substituir ou modificar o velho, o já *instituído*.

Pois bem, o movimento psicodramático foi um forte processo instituinte, criador, que com toda a pujança desejante de uma geração jovem veio modificar e até inverter não só o fluxo de demanda de atendimentos psicoterápicos como trazer uma nova dimensão do pensamento psi, quebrando o *setting* "sagrado" da terapia entre quatro paredes. Deixou de lidar apenas com a falta, a carência, no domínio do privado, para arejar essa atividade, trazê-la de volta para o público, para a alegria, para o contato verdadeiro, sem reticências, acreditando no positivo, na força criadora dos homens e das mulheres.

Trouxe o que se chama de implicação, isto é, um compromisso pessoal do terapeuta com seu cliente, e a transversalidade, isto é, uma interpenetração, uma aceitação de uma síntese de elementos que eram vistos como incompatíveis: proximidade humana entre terapeuta e clientela, sem medo de "contaminação" do vínculo.

A terapia deixou de ser obrigatoriamente sisuda e estruturalmente repressiva para ser um trabalho de comunhão e parceria. Privilegiava o trabalho em grupo e começava a se voltar também à alternativa moreniana do trabalho "extramuros".

Mas e a evolução mais recente?

O *instituinte* (o novo) foi sendo absorvido e se transformando no *instituído*, isto é, parado, definitivo, já sem o fogo iconoclasta do início. Pode-se assimilar aproximadamente esse conceito de instituído ao de *conserva* de Moreno. Como movimento, o psicodrama foi fugindo do público, do grupal, foi se refugiando no isolamento dos consultórios e vem correndo o risco de se transformar apenas em uma variante mais colorida da atividade conservadora da psicanálise de então. Mas perdeu parte da alegria.

As mesmas subjetividades privadas, intimistas, individualistas, já referidas, apenas se acentuaram com a expansão globalizada do capitalismo.

Voltando a pensar um pouco no contexto mais amplo, como estamos hoje? Com o passar do tempo, houve mudança do quadro sociopolítico-econômico?

Substituímos a ditadura por uma "democracia relativa". Já não há repressão policial, pode-se reunir, discutir, contestar. Entretanto, a situação de desigualdade, marginalização, pauperismo, acentuou-se. A grande ameaça do desemprego ronda a subjetividade de todas as classes.

O grande capital globalizado reforça a idéia da competitividade: com isso, afirma a racionalidade do mercado (isto é, a lógica do mercado, de competição é automática, "natural" e independente da vontade dos homens).

Essa lógica desconhece especificidades históricas, culturais, nacionais (*não há mais nação*). A oposição a isso com outra lógica — das necessidades dos pobres, da cidadania, da solidariedade, é desvalorizada como irracional, sentimental, atrasada (não moderna).

Uma vez desqualificada qualquer oposição como "bobagem", cria-se uma nova miragem: "vamos chegar finalmente ao Primeiro Mundo". Como toda miragem, essa também é inatingível, desvanece-se quando parece próxima.

Ora, os padrões de produção e consumo do dito Primeiro Mundo não podem ser referência para todo o globo: não são generalizáveis, por todas as razões. Entretanto, essa referência e essa miragem trazem um modo de pensar associado: acentuam e fortificam a subjetividade referida.

Já não há ditadura. Não temos mais censura. A mídia pode veicular "livremente" qualquer informação. Mas é só prestar atenção na maior parte do jornalismo televisivo (que mais amplamente atinge a população). Fora o aspecto de falsificação grosseira dos fatos, há outro mais sutil: a informação não é censurada nem proibida, apenas é descontextualizada. Com isso, perde o significado, não permite discussão suficiente. A informação fora do contexto fica ininteligível. Ainda mais, para ser sucinto: a mídia se subordina à lógica do mercado. Vende audiência para veicular produtos de consumo. Para isso, deve aumentar a audiência, não importa como.

Voltando ao psicodrama, como pode sobreviver na atual conjuntura?

Pavlowski (psicodramatista argentino de quem todos pelo menos já ouviram falar) dizia já em 1971 que o psicodrama é um instrumento de *mudança* e não de adaptação ao sistema; por isso tem sempre uma implicação política.

Nos dias atuais, o psicodrama está bastante institucionalizado, normatizado, organizado. A existência da Febrap, que congrega e tende a mais ou menos homogeneizar todos os grupos de psicodrama do país, é o maior testemunho disso.

Não é obrigatoriamente negativa a existência dessa organização: permitiu reunir e criar condições de diálogo e troca entre psicodramatistas de diferentes regiões. Entretanto, pode assumir uma vertente corporativista semelhante à da instituição que contestávamos de início: corre o risco de passar a defender a "verdadeira" formação, uniformizar a forma de trabalhar, talvez de pensar.

Esse é o perigo que cabe enfrentar agora. Todas as instituições tendem a se voltar sobre si mesmas, a se preocupar mais com sua própria perpetuação, esquecendo lentamente sua finalidade inaugural.

Então (como pergunta Cecília Coimbra), perdemos uma grande oportunidade histórica? Pergunto eu: desviamo-nos do caminho que iniciamos há mais de vinte anos?

Somos todos membros desse conjunto social e habitantes desse momento de história. Não somos "iluminados" a ponto de escapar das subjetividades descritas e dos desejos colocados em nosso horizonte. Mas é importante tomar consciência o mais claramente possível de nossa condição como grupo e do caminho que estamos trilhando. Apenas para nos perguntarmos se o caminho que voluntariamente escolhemos é esse mesmo.

Ou estamos recolhendo forças e nos preparando cuidadosamente para um novo vôo, agora cada vez mais com nossas próprias asas?

Vejamos: analisando um pouco o que estamos fazendo, vemos um movimento crescente de interesse em torno da prática do teatro espontâneo (tivemos recentemente um "festival" no qual muitas pessoas se apresentaram). Isso seria uma revitalização da prática grupal entre nós[2]. Há segmentos que mantêm a proposta de psicodrama público por meio de reuniões abertas, oferecidas a quem quiser participar. Há grupos de psicodrama com a intenção de trabalho na e com a coletividade (o grupo "Extramuros", o trabalho na periferia de São Paulo, do Getep, são dois bons exemplos). Há muita gente trabalhando com psicodrama pedagógico (movimento integrado ao psicodrama geral, não mais colocado à margem, como "menor" — situação que já aconteceu em nossa história). Vem sendo feita supervisão institucional e clínica em ambulatórios e centros de saúde em muitos lugares do Brasil.

O psicodrama vem sendo utilizado com certa freqüência em grupos de psicóticos, em geral em hospitais ou outros centros da rede pública de saúde mental.

E mais, o que me parece muito importante e significativo neste momento: a grande quantidade e variedade de produção escrita. Mesmo levando em conta a diferença de nível e de tipo de enfoque existente, essa produção é extremamente relevante. Existe o interesse em produzir, indagar, pesquisar, teorizar. Ou seja, há muita gente pensando o psicodrama, em suas mais diversas utilizações. Estamos criando um psicodrama brasileiro! Claro que para cada um de nós serão mais significativas e valiosas as indagações nesta ou naquela direção.

Para mim, pensando na origem e no potencial desse instrumento, a vertente de preocupação com o social é a mais importante. Penso que é nessa linha que poderemos marcar com mais propriedade a real diferença que nos pode distinguir dentro do universo psi.

Nascemos contestando, por intermédio da prática psicodramática, não só a hegemonia psi daquele período, mas também o momento repressivo. Hoje o inimigo é menos visível, mas a desumanização do homem por sua transformação de cidadão para "consumidor"ou "contribuinte" vem acontecendo diante de nossos olhos. Paralelamente, a massa de despossuídos cresce no mundo todo. De que lado vamos nos posicionar?

Aceitamos sem questionamentos o modo pelo qual a história vai sendo feita, como se não houvesse nada que fazer? Ou vamos seguir

---

2. Veja: Moysés Aguiar, *Teatro espontâneo e psicodrama*, 1996.

o caminho proposto por Moreno, quando disse que o psicodrama quer "através de milhões de microrrevoluções preparar a macrorrevolução do futuro"?

REFERÊNCIAS BIBLIOGRÁFICAS

O que foi escrito é fruto de vivências pessoais, discussões e leituras. Muita coisa foi lida,vivida e discutida, de forma que há informações e opiniões que passaram a fazer parte de minha formação, após trabalho pessoal de elaboração. Não pretendo, portanto, ser o autor de todas as interpretações aqui expostas, que são fruto de leituras de diferentes fontes; algumas se perderam no tempo. Mas o que foi dito é a expressão de minha opinião. Os títulos abaixo são os que me foram ultimamente úteis. Não é uma bibliografia completa.

AGUIAR, M. "Teatro espontâneo e psicodrama". *Revista Brasileira de Psicodrama*, v. IV, fasc. II, 1996. (*Teatro espontâneo e psicodrama*. São Paulo, Ágora, 1998.)

ALVES, L. H. "Instituição psicodramática". Tese de mestrado, USP, 1988.

ARAÚJO, V. A. "O psicodrama e o Hospital do Servidor Público Estadual". *Psicodrama*, ano II, nº 2, 1976.

BENJAMIN, C. *et alii. A opção brasileira*. Rio de Janeiro, Contraponto, 1988.

CESARINO, A. C. *et alii*: "História geral do psicodrama". São Paulo, 1974. (Mimeo.)

COIMBRA, C. *Guardiães da ordem*. Rio de Janeiro, Oficina do Autor, 1995.

MORENO, J. L. "Terceira Revolução Psiquiátrica". *Cuadernos de Psicot.* nº 1, 1966.

PAVLOWSKY, E. *Clinica Grupal* I. Buenos Aires, Busqueda, 1975.

PARTE II

3

A dinâmica do grupo e suas leis

*Heloisa Junqueira Fleury**

O psicodrama está intimamente ligado ao trabalho com grupos. Moreno (1993, 1994), a partir de estudos sociométricos, apresentou princípios que regem o funcionamento dos grupos e de seus participantes.

No atendimento a grupos terapêuticos, esses referenciais facilitam ao diretor acompanhar a riqueza da vida do grupo. No entanto, para escolher o caminho mais profícuo para a promoção do desenvolvimento dos participantes, o diretor precisa considerar os elementos necessários para que a experiência grupal favoreça mudanças terapêuticas.

Neste capítulo, retomamos alguns aspectos da teoria de J. L. Moreno, visando facilitar ao diretor um momento muito produtivo para o grupo, que é o da escolha do foco a ser dado à direção.

1. A EVOLUÇÃO DOS GRUPOS

Moreno (1994, pp. 36-93) desenvolveu extensas pesquisas sociométricas de organizações espontâneas do ser humano, buscando determinar princípios que regem o funcionamento dos grupos.

---

* Psicóloga, psicodramatista, terapeuta de aluno e professora-supervisora credenciada pela Federação Brasileira de Psicodrama, presidente da Federação Brasileira de Psicodrama, gestão 1999/2000.

Com bebês, no primeiro ano de vida, identificou um estágio inicial chamado de *isolamento orgânico*, caracterizado por isolamento total até aproximadamente dois meses de idade, quando o choro de um começou a chamar a atenção dos outros, dando início a um reconhecimento entre eles. O desenvolvimento do grupo de bebês continuou até, entre a 20ª e a 28ª semana, quando os mais próximos fisicamente começaram a se reconhecer e a sentir-se atraídos, fazendo com que as inter-relações grupais passassem a ser determinadas pelo grau de proximidade ou distanciamento físico, caracterizando o segundo estágio, chamado de *diferenciação horizontal*. Por volta da 40ª-42ª semana, os bebês começaram a se locomover, o que ressaltou as diferenças em força física e agilidade mental entre eles, alterando a organização do grupo. Quando alguns centralizaram mais atenção, destacaram-se numa liderança em relação aos outros, que se deixaram liderar, enquanto alguns permaneceram isolados. A estrutura grupal passou, com estes movimentos, de uma tendência horizontal para a *diferenciação vertical*.

No desenvolvimento dos grupos de bebês ocorreram então três períodos: isolamento orgânico, diferenciação horizontal e diferenciação vertical. Essa tendência de evolução dos grupos, das formas mais simples para outras mais complexas, foi chamada de lei sociogenética.

A seguir, com uma população de alunos de ambos os sexos de uma escola pública em Nova York, Moreno utilizou testes sociométricos para pesquisar a evolução dos grupos, anualmente, desde o jardim-de-infância até a oitava série (dos quatro aos quinze anos de idade). As escolhas podiam ser preferências, rejeições ou indiferenças, referentes a um critério determinado, tendo sido observado um aumento gradual nas escolhas com reciprocidade dos quatro aos onze anos, passando após esta idade a diminuir. A freqüência de crianças isoladas e não escolhidas aumentou entre os quatro e os sete anos, diminuindo gradualmente até os treze anos e voltando a aumentar após esta idade. Com a evolução dos grupos as escolhas tenderam a maior reciprocidade, aumentando o número de pares, surgindo cadeias e triângulos.

Moreno (1994, p. 187) observou que essas escolhas tendem a se dividir desigualmente, ao que chamou de lei sociodinâmica. Alguns poucos são mais escolhidos, enquanto outros, em número maior, concentram poucas escolhas, permanecendo este efeito mesmo se o grupo é aumentado ou quando o indivíduo muda de grupo. Esse *status* sociométrico constitui um referencial diagnóstico importante da posição do indivíduo em outros grupos, assim como de suas possibilidades de sucesso.

Moreno (1994, p. 180) atribuiu essa tendência, de dupla direção, para o aumento na reciprocidade das escolhas sociométricas ao fator tele, definido como a unidade mais simples de sentimento que se transmite entre os indivíduos. Constitui o fundamento dos relacionamentos saudáveis, sendo assim essencial numa psicoterapia. Desenvolve-se desde o nascimento, havendo porém uma tendência no ser humano em distorcer suas percepções de si mesmo e dos outros, em função de necessidades e fantasias próprias, ao que Moreno utilizou o termo *transferência*. Por influência da tele e da transferência, as escolhas sociométricas determinam uma estrutura interna peculiar de cada grupo, geralmente muito diferente da externa. Configuram-se as alianças e os subgrupos, que favorecerão a diferenciação vertical do grupo.

O conjunto das escolhas sociométricas feitas e recebidas por um indivíduo, segundo um critério determinado, constitui o seu átomo social, também influenciado pela tele e pela transferência. Partes desses átomos se ligam a outros e, assim, sucessivamente, vão formando as redes sociométricas, responsáveis pela transmissão da opinião pública. Nos grupos, essas redes podem cristalizar relações de papel e contrapapel, dificultando aos participantes buscarem novas posições ou ampliarem suas experiências.

Moreno (1993, pp. 68-70) observou que a experiência compartilhada pelos participantes nos grupos provoca o desenvolvimento de vivências comuns inconscientes, interligadas, ao que chamou de estados co-conscientes e co-inconscientes. Contribuem para o clima do grupo, na medida em que podem levar ao fechamento ou à abertura dos participantes para determinados conteúdos emocionais.

As pesquisas sociométricas confirmaram a lei sociogenética, na medida em que as três tendências de estrutura inicialmente observadas nos agrupamentos de bebês estão presentes em outros grupos, determinando uma evolução grupal de formas mais simples para outras mais complexas.

Ocorrem sobreposições entre essas tendências, como sinais de organizações mais primitivas em estágios mais avançados dos grupos ou indícios de organizações superiores em estágio anterior. As alterações na tendência da organização acontecem apenas quando a observação das diferenças atinge um ponto de saturação nos participantes, provocando a movimentação do grupo para uma estrutura de organização grupal mais avançada.

2. O GRUPO TERAPÊUTICO

No início dos grupos terapêuticos, quando os participantes ainda não se conhecem, tendem a ficar cautelosos, aguardando a definição de regras e dos objetivos da experiência a ser vivida. Observam e buscam uma posição confortável. Os momentos de silêncio são vividos com muita ansiedade e são rapidamente preenchidos com temas menos mobilizadores, em geral pelos que têm maior necessidade de chamar para si a atenção. Estão isolados tentando um reconhecimento inicial entre si, correspondendo ao estágio de isolamento orgânico.

Gradualmente, iniciam o reconhecimento de si mesmos, atentos ao seu posicionamento em relação aos demais e ao modelo de relacionamento no grupo, para avaliarem a possibilidade de auto-exposição.

Alexander e French (1965, p. 40) denominam experiência emocional corretiva aquela que caracteriza o contexto terapêutico, em que o paciente se sente à vontade para se posicionar e expressar sua agressividade. Moreno (1993, p. 25) chamou de princípio da espontaneidade a produção espontânea e livre dos participantes.

A atitude do diretor, de acolhimento e aceitação das pessoas e dos temas trazidos, será essencial para o grupo, inclusive neste período que corresponde ao estágio de diferenciação horizontal na organização grupal.

A tendência de diferenciação vertical vai se anunciando com o surgimento dos conflitos e das lutas pelo poder. Aumentam as críticas e as insatisfações e evidenciam-se as diferenças individuais, emergindo os líderes. Essas experiências vão alimentando sentimentos variados de hostilidade, assim como de proximidade e aceitação.

Os membros do grupo tendem a atribuir e a aceitar papéis, cristalizando relações de papel e contrapapel responsáveis pela reprodução no grupo dos padrões de interação que cada um de seus participantes mantém na vida. Com isso, o contexto grupal passa a reproduzir o contexto social.

Muitos dos sentimentos difíceis de serem nomeados pelo grupo se anunciam pelos indícios, visto ainda estarem em estado inconsciente. Sentimentos como, por exemplo, rivalidade, inveja, questões ligadas a intimidade, sexualidade, e dor por perdas afetivas, como na saída de membros do grupo, tendem a aparecer desta forma.

Quanto mais o grupo se sentir acolhido para expressar as diferenças, maior estará sendo o incentivo para confrontos, compartilhamentos e a livre expressão de sentimentos, favorecendo o acompanhamento da experiência emocional de cada um.

Com o desenvolvimento da tele e das relações com reciprocidade, as forças de coesão grupal vão aumentando. Ela é responsável pela co-criação de um grupo produtivo e valorizado pelos seus membros. Lutam pela sua manutenção, dispondo-se a compartilhar seus sentimentos mais verdadeiros, condição necessária para a diferenciação vertical e conseqüente evolução grupal.

Em relação ao efeito sociodinâmico, os membros que se posicionam nos extremos, ou seja, os que acumulam muitas escolhas e os isolados, precisarão da atenção do diretor para poder reconhecer este fenômeno e ampliar o conhecimento de si mesmos.

Esses princípios sociométricos são determinantes importantes da estrutura interna do grupo, podendo se tornar recursos essenciais para o diretor ativar a evolução grupal, de maneira a promover mudanças terapêuticas em seus participantes.

3. A DIREÇÃO GRUPAL

No início da vida do grupo, a lei sociogenética indica ao diretor a necessidade de favorecer a passagem do estágio de isolamento orgânico para o de diferenciação horizontal, por intermédio de atividades grupais que facilitem aos participantes começar a se colocar e reconhecer-se no grupo.

A partir do momento em que encontram uma posição própria no grupo, caberá ao diretor favorecer a diferenciação vertical para que o grupo evolua para esta estrutura de organização grupal mais avançada.

Quando o foco do diretor se volta para a identificação da estrutura interna do grupo e dos primeiros indícios de conflitos, qualquer um dos métodos sociátricos poderá ser utilizado: a psicoterapia de grupo, o psicodrama ou o sociodrama (Moreno, 1993).

Caberá ao diretor acompanhar a experiência vivida pelo grupo, captando a realidade humana em seu *status nascendi*, favorecendo a criação da atmosfera de um encontro vivo, numa postura que Moreno denominou de filosofia do momento (Garrido Martin, 1984, pp. 77-88).

Para apreender o aqui-e-agora da sessão, o diretor acompanha a forma e o momento em que os conteúdos são expressos, o que esclarece os padrões próprios de inter-relacionamento grupal. Trata-se de papéis e contrapapéis que tendem a reproduzir na vida do grupo os vínculos conhecidos do contexto familiar e social. Gradualmente, deixa de ser necessário o relato das dificuldades de relacionamento do contexto social, visto que elas vão se revelando ao vivo nas interrelações grupais, tornando-o, em palavras de Moreno (1993, p. 75), uma miniatura da família e da sociedade.

Este material tende a surgir como algo desconhecido pelos participantes do grupo, sendo importante para o diretor apreender o não-dito, o revelado no conteúdo narrado ou dramatizado. Esta atitude facilitará ao diretor expandir o reconhecimento da estrutura interna do grupo e dos estados co-conscientes e co-inconscientes pelos indícios trazidos nas inter-relações grupais.

Yalom (1995, p. 136) enfatizou a necessidade de a sessão ir além de uma catarse, ou seja, da mera liberação dos afetos. Denominou iluminação do processo a reflexão da experiência vivida, acentuando a necessidade destes dois momentos na sessão de grupo: a vivência do aqui-e-agora, seguida da construção de um referencial de conhecimento sobre o experimentado. A etapa do compartilhar na sessão psicodramática (Moreno, 1993, p. 109) facilita ao grupo elaborar a experiência vivida, cabendo principalmente ao diretor incentivar essa elaboração.

Com a diferenciação vertical, as tensões tendem a aumentar, cabendo ao diretor favorecer a emergência desses sentimentos para garantir o desenvolvimento da tele e, conseqüentemente, do nível de coesão grupal, priorizando a evolução do grupo. Isso significa ter a atenção voltada prioritariamente para o grupo.

Consideremos, por exemplo, um indivíduo que vem tentando seguidamente monopolizar a atenção do grupo. Atendê-lo seria uma estratégia de direção voltada para o alívio da ansiedade, mas não promoveria mudanças terapêuticas. Numa sessão individual, o diretor poderia focar no modelo de relação que está sendo proposto, visando o reconhecimento do padrão próprio de relacionamento papel e contrapapel, auxiliando-o a reconhecer e elaborar, por exemplo, sentimentos de desamparo.

Num grupo terapêutico, outra estratégia possível para o diretor seria a de não atendê-lo em suas reivindicações de atenção e transferir o foco para o grupo, para que possam, eventualmente, reconhecer sentimentos de impotência com esta situação, revelando o papel cristalizado de monopolizador e os contrapapéis dos que abrem espaço a esta inter-relação.

Com esse manejo, o diretor favoreceu a criação de um ambiente propício para a identificação de sentimentos como a rivalidade, o desamparo, a impotência, entrando todos em contato com sua realidade psíquica, indo além de uma simples experiência grupal. O diretor priorizou o grupo, sua manutenção e o desenvolvimento da coesão grupal.

Essa forma de direção foi descrita por Knobel (1996, pp. 56-9) como centrada na sociometria. O diretor busca reconhecer a estrutura interna do grupo, os papéis e as posições sociométricas, o *status* sociométrico, os átomos sociais e os critérios pelos quais os participantes se organizam e comportam no grupo. Nessa forma de direção, o funcionamento do grupo é reconhecido, favorecendo sua evolução. O objetivo dessa direção parece-nos ser, primeiramente, desenvolver a coesão grupal, condição necessária para a mudança terapêutica.

Alves (1994, pp. 52-5) identifica na dramatização, em função do aquecimento e das primeiras cenas, um movimento protagônico que se vai deslocando para as personagens que vão surgindo, chamadas pré-protagônicas ou protagonistas intermediários, até a identificação do verdadeiro protagonista. Acreditamos que essa forma de direção, centrada no protagonista, pode revelar difíceis experiências emocionais, exigindo que o diretor tenha esses conteúdos reconhecidos para si próprio. Quando a vivência emocional lhe é desconfortável, pode utilizar o manejo dos recursos técnicos para evitar o sofrimento decorrente, dificultando este movimento protagônico.

Outra possibilidade de direção descrita por Knobel (1996, pp. 56-9) foi a centrada na espontaneidade, cujo objetivo é mobilizar os estados espontâneos por meio de jogos dramáticos, técnicas como teatro espontâneo, jornal vivo, *Playback Theatre* e outras. A dramatização de cenas imaginárias favorece o reconhecimento da fantasia inconsciente grupal e, no final da sessão, os participantes podem relacionar as personagens vivenciadas e a dinâmica do grupo. A mobilização dos estados espontâneos, favorecida por essa forma de direção, parece-nos especialmente útil nos momentos em que a tensão grupal dificulta o surgimento de material em estado inconsciente e o reconhecimento da estrutura interna do grupo. Essa forma de direção favorece uma experiência lúdica para esse reconhecimento.

Moreno (1993, p. 26) descreve o diretor de grupo numa posição difícil, com ameaças e agressões contínuas, sendo necessário que ele desenvolva uma personalidade de grupo, acrescentando à sua experiência profissional condições pessoais que lhe permitam o desempenho deste papel.

Acreditamos que o diretor precisará viver um processo terapêutico, incluindo uma vivência em grupo, desenvolvendo condições emocionais, lidando não só com a tensão e com a agressividade, mas principalmente reconhecendo e acolhendo a dor psíquica.

Suas condições emocionais serão determinantes para a diferenciação entre uma intervenção que apenas alivia o sofrimento e a que desenvolve condições para promover efetivamente mudanças terapêuticas.

O interesse genuíno do diretor pela experiência emocional dos participantes, sua disponibilidade para acompanhar o ritmo do grupo, ativando a evolução grupal quando necessária, são condições essenciais para a mudança terapêutica, o que acontecerá apenas se esse diretor puder conter a angústia envolvida na ousadia de se abrir para o desconhecido.

Uma sessão profícua para todos os envolvidos não é necessariamente a que tenha dramatizado a cena esteticamente mais bela nem a mais emocionante. Será aquela que tenha permitido a todos vivenciar o acolhimento e a liberdade do contexto grupal, podendo entrar em contato com seus sentimentos mais verdadeiros.

Concluindo, acreditamos que o principal objetivo do diretor é favorecer aos membros do grupo a descoberta da riqueza inerente em vivenciar plenamente o *status nascendi* da experiência grupal, participando com a maior honestidade possível no momento. Desta maneira, os participantes recriarão no grupo seus modelos de relacionamento, confrontando-se e sendo confrontados com as diferenças individuais, condição necessária para apreenderem a distinção entre sua experiência emocional e a dos outros, sendo cada um deles agente terapêutico dos demais, segundo o princípio da interação terapêutica (Moreno, 1993, p. 25).

Para favorecer a co-criação destas condições, é indispensável que o diretor conheça suas limitações pessoais, podendo acolher suas características humanas e, desta forma, sentir-se esperançoso com o potencial do ser humano para o desenvolvimento.

REFERÊNCIAS BIBLIOGRÁFICAS

ALEXANDER, F.; e FRENCH, T. *Terapeutica psicoanalitica.* 2ª ed., Buenos Aires, Paidós, 1965.

ALVES, L. F. O protagonista: conceito e articulações na teoria e na prática. *Revista Brasileira de Psicodrama,* v. 2, fasc. 1, pp. 49-55, 1994.

GARRIDO MARTIN, E. *Psicologia do encontro: J. L. Moreno.* São Paulo, Ágora, 1996.

KNOBEL, A. M. Estratégias de direção grupal. *Revista Brasileira de Psicodrama,* v. 4, fasc.1, pp. 49-62, 1996.

MORENO, J. L. *Psicoterapia de grupo e psicodrama.* 2ª ed., Campinas, Psy, 1993.

_____. *Quem sobreviverá?: fundamentos da sociometria, psicoterapia de grupo e sociodrama.* v. 2, Goiânia, Dimensão, 1994.

YALOM, I. D. *The theory and practice of group psychotherapy.* 3ª ed. Nova York, Basic Books, 1985.

4

Unidade funcional

*Agenor Vieira de Moraes Neto**

A socionomia, criação de J. L. Moreno, é considerada "a ciência das leis sociais"[1], que abarca três grandes ramificações e seus respectivos instrumentos: a sociometria (teste sociométrico e perceptual), a sociatria (psicoterapia de grupo, psicodrama e sociodrama) e a sociodinâmica (desempenho de papéis). Em todas, a utilização da Unidade Funcional é um instrumental perfeitamente viável e rico, muitas vezes necessário, além de ser um elemento diferencial e criativo em relação a outros tipos de ações terapêuticas.

Escrever sobre Unidade Funcional tem dois propósitos: o primeiro, o de resgatar um instrumento precioso que, observando a atuação da maioria dos psicodramatistas[2], é pouco utilizado; segundo, o de analisar a sua criação, a sua constituição e o seu funcionamento, à luz da socionomia, naquilo que ela tem como ponto central: as relações interpessoais (teoria e prática sociométrica).

A Unidade Funcional pode ser caracterizada como uma equipe de terapeutas, com diferenciação ou não de papéis e funções, que realizam juntos, no mesmo espaço e tempo, uma atividade.

---

* Psicólogo, psicodramatista, professor-supervisor, terapeuta de aluno pela Febrap no Instituto de Psicodrama e Psicoterapia de Grupo de Campinas — IPPGC.
1. Moreno, J. L. *Quem sobreviverá?* Goiânia, Dimensão, 1992, p. 39.
2. Respeitando a criação moreniana, a denominação correta seria socionomista, mas a tradição impôs o termo psicodramatista.

Moreno não define em seus livros o que vem a ser essa entidade, chamada Unidade Funcional. Focalizando o papel de ego, fala de egos-auxiliares "naturais"[3], antigos pacientes sobre os quais tem preferência, e egos-auxiliares "profissionais", proveniente do mesmo ambiente sociocultural do protagonista. No Brasil, pode-se dizer que a concepção de Unidade Funcional foi introduzida por Jaime G. Rojás-Bermudez, psicodramatista argentino que, no final da década de 60, fez várias viagens a São Paulo, onde reuniu "aproximadamente 165 estudantes nos cursos de diretor e ego-auxiliar e sessenta em técnicas psicodramáticas para professores"[4]. Para tanto, traz sua equipe de egos-auxiliares. Em ambos os casos, Moreno e Bermudez exercem a função de diretor, e a equipe a função de ego-auxiliar, formando Unidades Funcionais. No Congresso Internacional de Psicodrama realizado em São Paulo (16 a 22 de agosto de 1970), os diretores podiam escolher seus egos-auxiliares por meio de uma lista de inscritos previamente composta por pessoas que começavam os primeiros contatos com o psicodrama. Em 1974, Dalmiro Manuel Bustos, também psicodramatista argentino, é convidado a dar palestras em São Paulo e formar grupos de supervisão. Ao contrário de Rojás-Bermudez, ele vem sozinho, sem equipe, e o papel de ego-auxiliar é realizado entre os participantes do próprio grupo[5], prática que se torna muito comum entre os profissionais brasileiros.

Moreno se propõe a descrever as funções de diretor e de ego-auxiliar, e suas atuações. Ambos têm três funções. O diretor é: a) produtor; b) terapeuta principal; e c) analista social.

Essas funções são assim explicadas por Moreno:

> Como produtor, é um engenheiro de coordenação e produção. Em vez de autor teatral, ele procura encontrar primeiro o seu público e os seus personagens, extraindo deles o material para um enredo ou roteiro. Com a ajuda daqueles, monta uma produção que satisfaça às necessidades pessoais e coletivas dos personagens, assim como do público à

---

3. Moreno, J. L. *Psicodrama*. São Paulo, Cultrix, 1978, p. 42.
4. Cuschnir, L. *In*: Aguiar, M. *J. L. Moreno — o psicodramaturgo* (1889-1989). São Paulo, Casa do Psicólogo, 1990, p. 51
5. Bustos, D. M. *Psicoterapia psicodramática*, p. 19.

mão. Como agente terapêutico, a responsabilidade final pelo valor terapêutico da produção total cai sobre os seus ombros. É uma função de orientação geral, cujas manipulações estão, com freqüência, cuidadosamente disfarçadas. A sua tarefa consiste em fazer os sujeitos atuarem naquele nível de espontaneidade que beneficia o seu equilíbrio total; em servir de contra-regra e de ponto para os egos-auxiliares; e instigar o público a uma experiência catártica. Como analista social, usa os egos-auxiliares como extensões de si mesmo, a fim de extrair informações dos sujeitos no palco para testá-los e exercer influência sobre eles[6].

O ego-auxiliar é: a) ator; b) agente terapêutico; e c) investigador social.

Moreno diz que, enquanto ator, o ego-auxiliar: "representa os papéis exigidos pelo mundo do sujeito": enquanto agente terapeuta é "guia" e completa textualmente:

(...) funcionando não como um observador mas como um agente atuante. É enviado ao palco pelo diretor, com instruções para retratar um certo papel e, ao mesmo tempo, para observar-se rigorosamente em ação; para registrar continuamente, enquanto procede ao aquecimento preparatório do papel, o que esse papel influi nele e como ele o desempenha. Enquanto suas experiências ainda estão frescas, imediatamente após a cena, pode registrar as suas reações pessoais. Assim, o ego-auxiliar representa um novo instrumento na investigação social. Aqui, o observador participante converte-se também em "ator participante", a sua tarefa consiste em assumir um papel que essa pessoa requeira como contrapapel[7].

Como se pode observar, a criação moreniana dos papéis de diretor e de ego-auxiliar possibilita aos socionomistas observar aspectos não-explorados por outras correntes psicoterápicas. Para ele, "ser terapeuta" (terapeuta principal/agente terapeuta) vai além, é entrar em outras duas dimensões: a do teatro (produtor/diretor e ator/ego-auxiliar) e a da sociologia (analista social/diretor e investigador social/ego-auxiliar). Na primeira, ele afirma que a vida é um teatro e

---

6. Moreno, J. L. *Psicodrama, opus cit.*, pp. 308-9.
7. *Idem, ibidem*, pp. 315-6.

não o inverso, e acontece com cenários, atores, textos, subtextos etc. e tudo isso é transportado para um local, no palco do "como se", assim como o teatro o faz.

Na segunda dimensão, ele confirma que o homem é um ser em relação, vive no e para o *socius*, e deve ser assim considerado. Essas duas dimensões tornam a atuação socionômica com características próprias, originais e ricas.

No entanto, para se ter uma compreensão maior, especialmente da relação e da ação dos membros que compõem a Unidade Funcional, deve-se iniciar falando daquilo que, dentro da socionomia, compreende-se como projeto dramático.

Projeto dramático na socionomia constitui-se a globalidade da ação de uma pessoa ou de um grupo de pessoas dentro de um contexto.

Nos atendimentos pelas Unidades Funcionais, por exemplo, podem-se caracterizar dois tipos de projeto dramático. Um, que compreende a relação da equipe de profissionais com o cliente (indivíduo, grupo, instituições etc.). O outro é a relação entre os profissionais (diretor e ego-auxiliar) que compõem a Unidade Funcional. É sobre este último o centro deste trabalho.

No projeto dramático da Unidade Funcional, para que seja realmente eficaz (efeito/ato criador) e eficiente (ação/ação espontânea), é necessário que as pessoas que fazem parte da relação tenham seus papéis, objetivos e métodos definidos e claros. Se esses aspectos não forem satisfatórios, abrem-se espaços para projetos que proporcionem o aparecimento de fenômenos que comprometam a atuação da Unidade Funcional.

Quais seriam esses fenômenos? Primeiro, nega-se a própria existência. Há maior preocupação da Unidade Funcional com aquilo que ocorre com o cliente do que sobre o que acontece entre os seus próprios integrantes. Estabelece-se, algumas vezes, uma regra sutil e implícita de nada se falar sobre isso. Segundo, os objetivos em sua maioria não são claros, mas maquiados por desejos encobertos, como a auto-afirmação, obtenção de mais experiência a partir da observação do procedimento do parceiro; a vontade de enfrentar um desafio, mas acompanhado de alguém que suporte o possível fracasso. Terceiro:

não se definem as funções com medo de perder a homogeneidade; confunde-se esse conceito com igualdade.

Diante disso, a pergunta que fica é: quais poderiam ser os aspectos a ser considerados para a constituição e para o desempenho adequados de uma Unidade Funcional dentro de um projeto dramático? O primeiro seria o que, na sociometria, Moreno chama de critério, o passo inicial para possibilitar que duas ou mais pessoas possam se escolher ou não para a formação de uma Unidade Funcional. O critério pode ter várias características. Exemplificando: *critério afetivo*: pessoas que gostam de realizar juntas seus trabalhos profissionais; *critério institucional*, em formação ou trabalhando na mesma instituição, as pessoas são levadas a constituir uma Unidade Funcional. Enfim, temos critérios emocionais, pedagógicos, funcionais e outros, que poderiam nortear a escolha do parceiro na constituição de uma Unidade Funcional. O critério sociométrico é muito importante e precisa estar claro para que os membros da equipe possam fazer uma escolha adequada. Pode-se considerar que há fatores importantes, mas não suficientes para a composição de um critério. Exemplificando: uma pessoa escolhe o seu companheiro com base num critério afetivo e este a escolhe com base num critério institucional. Apesar de considerar que são fatores, em si, importantes na composição de uma Unidade Funcional, o que possibilita uma escolha ideal é a coincidência de critérios e se está claro e explícito para os membros da Unidade Funcional.

O segundo aspecto seria a escolha. Diante do critério sociométrico, previamente estabelecido, Moreno[8] considera três possibilidades de resposta às quais o indivíduo está exposto: a atração (escolha positiva), a rejeição (escolha negativa) e a indiferença (escolha neutra). É importante dizer que, nesse caso, a única escolha possível é a atração mútua. Deve-se dizer, no entanto, que essa posição, muitas vezes por deficiência no estabelecimento dos critérios sociométricos, esconde uma escolha neutra ou negativa, determinando na realidade a inadequação da formação da Unidade Funcional.

Após o estabelecimento dos critérios para a escolha na composi-

---

8. Moreno, J. L. *Quem sobreviverá?*, *opus cit.*, v. II, p. 21.

ção da Unidade Funcional e a escolha em si, o terceiro aspecto é a definição de papéis dentro da equipe.

Moreno define papéis de diretor e de ego, de maneira clara e firme, distribuindo para cada papel funções específicas. Ele não faz isso gratuitamente. Uma pessoa começa a exercer sua função a partir do momento em que estabelece concretamente, diante da outra, qual é o seu papel (papel/contrapapel). Numa ação terapêutica, por exemplo, isso é necessário, porque o cliente algumas vezes precisa desenvolver, definir ou clarear alguns papéis em sua vida. A falta desses elementos dentro da Unidade Funcional pode levar ao cliente uma confusão pouco terapêutica. Observa-se que as dificuldades de definição estão relacionadas a fenômenos: insegurança, competição, imaturidade profissional, medo de perda de um suposto poder etc.

Cabe aqui abrir parêntese para um comentário, baseado em experiências, supervisões e leituras sobre a postura de alguns profissionais, de considerar que não há necessidade de uma definição de papéis em Unidade Funcional. Essa atitude pode proporcionar aos clientes, como já disse, uma confusão maior na compreensão de seus papéis e, aos profissionais, a impossibilidade de um aquecimento adequado para o seu próprio projeto como diretor ou como ego-auxiliar. Além disso, leva a ações dramáticas truncadas, conseqüência das trocas constantes na direção em que os projetos dramáticos, com certeza, são constantemente alterados. O que torna a Unidade Funcional um instrumento rico é a sua heterogeneidade de funções, no sentido de que, quando se assumem respectivamente os papéis de diretor e de ego-auxiliar, tem início uma ação complementar, que traz consigo um alargamento dessa ação. Por esses motivos, defendo a necessidade de definir papéis dentro da Unidade Funcional. Fecha parêntese.

Falou-se, até agora, dos aspectos que poderiam ser chamados de preparação para a atuação da Unidade Funcional, isto é, da constituição de uma equipe. Agora serão comentados outros pontos, que ocorrem na relação entre seus membros.

A Unidade Funcional se baseia numa relação concreta entre pessoas que desempenham papéis e, como tal, tem a sua maneira de funcionar. Um dos aspectos a ser levado em conta é o da complementação entre as funções correspondentes aos dois papéis, porque segundo Moysés Aguiar[9] "a tendência mais comum seja considerar os papéis através de pares complementares (mãe/filho, terapeuta/cliente, homem/mulher), a complexidade das relações indica a ocorrência significativamente mais freqüente de complementaridades múltiplas (triangulação e circularização de papéis)". No caso da Unidade Funcional: diretor, ego(s)-auxiliar(es) e cliente no sentido mais amplo.

Observa-se:

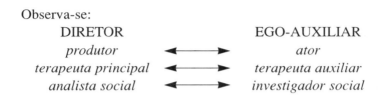

Considerando essas funções estabelecidas por Moreno para os papéis de diretor e de ego-auxiliar, observa-se a complementaridade entre ambos. De um lado, o diretor, aquele que *produz* a cena, tem uma *posição topográfica especial* no contexto dramático como terapeuta, e faz uma *análise social* ampla do cliente/protagonista. De outro lado, encontra-se o ego-auxiliar: *ator* da cena produzida pelo diretor; terapeuta, ocupante de *outra posição* no contexto dramático, isto é, mais próximo do cliente/protagonista, podendo sentir, perceber e repassar ao diretor particularidades que possa observar, como a temperatura do corpo, o ritmo cardíaco, a emoção mais íntima etc.; além da posição daquele que *investiga o social* no campo do *como se*. Essa complementaridade ocorre ao se definirem as funções e no desempenho dos respectivos papéis, mas também ocorre, se forem observadas as características pessoais de cada membro da Unidade Funcional. Por exemplo: pode ocorrer que um membro da Unidade Funcional tenha uma posição mais reflexiva, e o outro mais executiva; a presença das figuras masculina e feminina, o paternal e o maternal, a abertura e a rigidez, e todas as demais complementarida-

---

9. Aguiar, M. *O teatro terapêutico: escritos psicodramáticos.* Campinas, Papirus, 1990, p. 109.

des aplicadas em momentos certos proporcionam um enriquecimento muito difícil de ser encontrado num atendimento bipessoal, ou quando se atende um grupo como único profissional.

É importante abordar, aqui, a questão da competição. Ela pode aparecer de várias maneiras, como por exemplo: quando há uma disputa entre os profissionais para mostrar ao outro competência profissional, surgindo, portanto, um desvio do objetivo estabelecido para a constituição da Unidade Funcional. A competição ocorre, sobretudo, quando as leis da sociometria não são respeitadas, como quando não se definem claramente os critérios de escolha, prejudicando, conseqüentemente, o projeto dramático.

A competição é o oposto da complementaridade. A primeira empobrece o trabalho da Unidade Funcional, porque a força de atuação e de tensão dos profissionais fica mais direcionada ao núcleo dessa relação, ficando o atendimento do cliente para um segundo plano. É muito difícil de ser reconhecida e conversada entre os membros da Unidade Funcional, e é a razão do término de muitas equipes. A segunda, a complementaridade de funções e de características pessoais, proporciona uma amplitude e um enriquecimento no atendimento, beneficiando o cliente; talvez seja esta a razão principal para a constituição das Unidades Funcionais.

Finalmente, deve-se falar do pós-atendimento que é considerado indispensável no trabalho da Unidade Funcional: a discussão entre os seus membros, após um atendimento ou periodicamente, o que muitos chamam de "discutir o caso". Há duas maneiras de ocorrer esse processamento. Uma, chamada aqui de "restritiva", porque os membros da equipe focalizam sua discussão apenas no cliente; ou, então, quando se analisam, o fazem de maneira parcial, cheia de tensões, cuidados e medos. Nesse caso, o projeto dramático da Unidade Funcional não é visto como um todo – diretor, ego-auxiliar e protagonista. A outra, chamada de "compartilhada", é a livre conversa entre os membros da equipe a respeito de suas próprias atuações, as técnicas, a percepção e a compreensão de uma dramatização, enfim, tudo aquilo que é possível ser considerado. O compartilhamento é feito no seu sentido mais amplo, na totalidade do projeto dramático da Unidade Funcional.

Dessa maneira, o compartilhamento se torna mais um diferencial no atendimento em Unidade Funcional; por meio da visão de dois terapeutas tem-se a compreensão mais ampla da ação dramática.

O trabalho e o estudo sobre as relações internas da Unidade Funcional levam a duas conclusões importantes: 1. A experiência de atuar como profissional que compõe uma Unidade Funcional é rica e original. Rica, porque amplia a visão e as possibilidades da ação dramática. E original porque tem a marca e a fundamentação teórico-criativa de Moreno. Portanto, não pode ficar restrita a uma prática de psicodramatistas em formação ou recém-formados, como se o seu uso visasse ao amadurecimento profissional, quando na verdade seu maior valor está no enriquecimento da ação dramática, beneficiando o cliente. 2. O uso do instrumento Unidade Funcional é socionômico, portanto, é amplo e pode ser extensível a qualquer atividade, e não restritivo à ação psicoterápica ou terapêutica. Sua utilização adequada, por exemplo, na constituição de equipes multidisciplinares, grupos de assistentes sociais, psicólogos, professores, médicos etc. possibilita o enriquecimento das atuações nas áreas de educação, saúde, recursos humanos ou outras áreas da comunidade, onde há necessidade do estabelecimento de critérios, definições de funções, elaborações de projetos, relações adequadas e de processamentos amplos para a realização de trabalhos criativos e espontâneos.

REFERÊNCIAS BIBLIOGRÁFICAS

AGUIAR, M. *O teatro terapêutico: escritos psicodramáticos.* Campinas, Papirus, 1990.

_____. (coord.) *O psicodramaturgo J. L. Moreno, 1889-1989.* São Paulo, Casa do Psicólogo, 1990.

BUSTOS, D. M. *Psicoterapia psicodramática.* São Paulo, Brasiliense, 1979.

MORENO, J. L. *Quem sobreviverá? – fundamentos da sociometria, psicoterapia de grupo e do sociodrama.* Goiânia, Dimensão, 1992, 3 vs.

_____. *Psicodrama.* São Paulo, Cultrix, 1978.

_____. *Psicoterapia de grupo e psicodrama.* São Paulo, Mestre Jou, 1974.

5

Direção cênica da loucura: subjetividade e psicodrama*

*Sergio Perazzo***

> "Ninguém é doido. Ou, então, todos."
> *João Guimarães Rosa*, "A terceira margem do rio"[1].

O conhecimento de uma teoria, o domínio de uma técnica e o mergulho em si mesmo por intermédio de um longo recidivante processo de psicoterapia, como todos nós já sabemos, não são suficientes para isentar o psicoterapeuta e, em particular, o psicodramatista, do plano de sua subjetividade, quando diante daquele que se convencionou chamar de seu cliente ou paciente.

Mesmo que ele tenha claro que a cena dramática não passa da objetivação atuada da subjetividade, é impossível que ele não concorra de alguma forma para a sua construção, até naquilo que lhe pareça mais singular. Sob este ponto de vista, a cena dramática não pode estar desvinculada do conceito de co-criação.

A concepção do psicodrama como Teatro Terapêutico, por sua vez derivado do Teatro Espontâneo, estabelece defitivamente, como

---

*Este artigo consta da obra *Ainda e sempre psicodrama*. São Paulo, Ágora, 1994, do próprio autor.

** Psiquiatra, psicodramatista, professor-supervisor da Sociedade de Psicodrama de São Paulo, da Federação Brasileira de Psicodrama e do Curso de Especialização e Formação em Psicodrama da Pontifícia Universidade Católica (PUC) de São Paulo. Autor de vários livros e artigos de psicodrama.

1. Rosa, J. G. *Primeiras estórias*. 26ª edição, Rio de Janeiro, Nova Fronteira, 1988.

sua base, a criação coletiva, para a qual concorrem o protagonista, o diretor, os egos-auxiliares e a platéia, em proporções variáveis a cada momento do desenrolar da dramatização, uma co-construção de múltiplas subjetividades, embutidas no mesmo aparente projeto dramático. Isso também se pode dizer das situações de atendimento individual bipessoal, em que os egos-auxiliares e a platéia não estão presentes.

A primeira questão que se coloca, portanto, é a da convergência ou não de escolhas e de perceptuais dos diversos sujeitos envolvidos para o mesmo projeto dramático[2]. Ou, mais profundamente, que a trama aparente ou manifesta de cada um é capaz de direcionar o grupo ou a díade para uma trama oculta que se desvela na ação e dá sentido não só às personagens, como também ao próprio grupo ou à própria díade, criando uma condição de compartilhamento como conseqüência, conjunto de acontecimentos que em si mesmo se configura como o *projeto dramático latente*, só então vivenciado em sua totalidade expressiva e, por fim, aclarado. Poderíamos dizer também, como fazendo parte dessa definição, que o caminho percorrido por escolhas e perceptuais num plano como que intuitivo e que se concretiza vivencialmente muito mais que racionalmente num projeto dramático, que contém em si mesmo o drama privado de cada um que, por sua vez, se revela como o drama coletivo do grupo ou como o drama inter-relacional da díade (que em psicanálise é explicitado no par transferência-contratransferência) e dá sentido à trama, nada mais é que o percurso co-inconsciente do grupo ou da díade, ou seja, suas dinâmicas específicas.

Este é o ponto que prevalece sobre a interferência da subjetividade do psicodramatista na cena de um protagonista. Deixando mais claro, poderíamos dizer que uma cena temida do diretor, ou seja, suas transferências, poderia evitar a montagem ou o transcurso da cena de seu cliente. Pela mesma razão, o diretor poderia, em vez de evitá-la, "escolher" a sua cena temida para "resolvê-la", não sendo ela a prioridade do pretenso protagonista. Por outro lado, um determinado

---

2. Para melhor compreensão do conceito de projeto dramático, nos remetemos a Aguiar, que o define como o objetivo de uma relação, convencionado explícita ou implicitamente por meio de uma determinada complementaridade de papéis.

modo de ver o psicodrama naquele momento privilegiará tal ou qual aspecto do percurso de seu cliente na cena ou fora dela, podendo ser outro o oferecimento vivencial em outro instante da evolução ou da reflexão do e sobre o papel de psicodramatista. Por exemplo, o diretor pode estar numa fase em que predominantemente trabalha com cenas únicas, ou só com cenas múltiplas, em que compartilha mais ou interpreta mais freqüentemente, ou em que "puxa" para o resgate de figuras internas ou acentua a consciência daquilo que falta etc. Se imaginarmos que o mesmo protagonista, num mesmo momento, estivesse diante de psicodramatistas diferentes, poderiam ser montadas cenas diferentes ou cenas semelhantes, a partir do mesmo conteúdo do discurso, com diferentes desenlaces e análises ou compartilhamentos. Ele poderia vivenciar, dependendo do diretor em questão, da mais delicada ternura ao ódio mais avassalador, da emoção da proximidade compartilhada à análise mais fria e racional e até a catarse de integração. Não há uma objetividade capaz de se constituir o centro do alvo da alma do protagonista.

Diante da inevitabilidade da interferência da subjetividade do psicodramatista ou de qualquer outro terapeuta, a única possibilidade é co-criar dentro de um mesmo projeto dramático. Para isto, é preciso acreditar que o diretor na verdade não tem o poder de escolher nenhum itinerário para o protagonista. Aquilo que ele possa privilegiar é parte de um perceptual não bem definido que é sinalizado de alguma forma e, de alguma forma, captado e assim objetivado na cena. A escolha da cena já é, portanto, o primeiro passo de uma co-criação co-inconsciente.

Um segundo ponto a ressaltar, que por sua vez também está contido na primeira questão, é o da aparente divergência de origem do projeto dramático do diretor e do projeto dramático do protagonista.

Enquanto o diretor pode traçar um objetivo a partir de uma diretriz teórica condizente com seu papel profissional, qual seja, por exemplo, a de ajudar o protagonista a atingir uma catarse de integração, ou visar a uma *ação reparatória*, auxiliar a emergência de *insights*, abrir uma brecha em um sistema defensivo etc., dependendo da sua visão particular e do momento em que sua visão se particulariza de tal ou qual modo, o protagonista parte de seu próprio desejo, fundado em suas impossibilidades e em suas próprias lacunas, visando à realização e ao preenchimento.

No entanto, diante da concepção de uma trajetória de co-criação co-inconsciente, o projeto dramático que se desenvolve na dramatização se tornará comum em algum ponto deste percurso. Se bem que é verdade que existe um projeto dramático entre os dois, que envolve os papéis sociais de terapeuta e de cliente para um critério complementar de ajudar e de ser ajudado profissionalmente e, portanto, permeado por critérios teóricos e técnicos, este projeto dramático é algo inerente à relação terapeuta-cliente em si mesma. No desenrolar de uma sessão de psicodrama e, particularmente, durante uma dramatização, a este projeto se acrescenta outro, o percurso do herói que se torna protagonista e envolve, aí sim, também o seu terapeuta numa viagem comum, outro projeto dramático, para o qual conflui o drama privado de cada um dos dois na trama oculta enfim desvelada. O psicodramatista, pois, transitará simultaneamente em dois projetos dramáticos concomitantes, num dos quais desempenhará as funções do papel social de terapeuta, por força de contrato firmado por claros critérios sociométricos em que será capaz de agir teoria e técnica (projeto dramático manifesto). No outro, ele estará aderido vivencialmente ao destino do protagonista (projeto dramático latente). Tudo isto, é claro, acontece ao mesmo tempo e é o que permite ao terapeuta movimentos contínuos de proximidade e distância da situação protagônica.

Uma terceira questão de destaque é a da atuação, da definição e da quantificação daquilo que podemos chamar de loucura e de sua relatividade. A propósito disto, me recordo de uma situação por mim vivida em que se intercruzavam verdades "absolutas" incapazes de resistir por muito tempo ao mínimo confronto.

Certa vez, veio me procurar para psicoterapia psicodramática individual bipessoal uma mulher, separada, Marta, que tinha por amante apaixonado, há longo tempo, um homem casado, descrito por ela como sensível e atormentado pela perspectiva de separar-se da mulher e de perder a convivência diária com os filhos já adultos.

Muito mais tarde um adulto jovem, universitário, também veio a se tornar meu cliente, por outros canais de encaminhamento, em atendimento individual bipessoal, o qual, descobri, durante seu processo, tratar-se do filho do amante de Marta, que na época já interrompera o seu processo psicoterápico. Uma de suas características era a grande admiração que devotava ao pai que tinha para si mesmo como o grande ídolo incorruptível a ser imitado. Batizêmo-lo de Renato.

Mais ou menos na mesma ocasião, também fazia psicoterapia comigo outra mulher, a quem chamarei de Ana, também atendida individualmente, que se apaixonou por um homem casado, que a abandonou um belo dia sem qualquer explicação, deixando-a intensamente deprimida e sem qualquer possibilidade de reencontrá-lo. Ana tinha em sua história a perda da mãe por suicídio, quando ainda era bem pequena, e ainda procurava explicações para o fato, vivendo em relação a esta mãe um intenso sentimento de abandono.

Ana e Renato tornaram-se um dia companheiros de um mesmo grupo de psicoterapia psicodramática e tinham entre si uma ligação muito forte e amigável. Ana era aproximadamente 15 anos mais velha que Renato. Renato nesta época via como inevitável a separação dos pais e temia o que poderia acontecer à sua mãe se esta fosse abandonada, porque, segundo a sua versão, era desta forma que ela se sentia.

Numa dada sessão de grupo, Renato nos comunicou que viajaria de férias para outro país, e seus companheiros combinaram levá-lo ao aeroporto no dia da partida.

Na semana seguinte, Ana marcou uma sessão individual e aflita me contou que no bota-fora de Renato ficou paralisada porque reconhecera no pai de Renato, que também estava presente no aeroporto, o amante que a abandonara. Não sabia o que fazer e o que dizer ao grupo e a Renato quando voltasse, porque sabia da importância que o pai tinha para ele.

Na sessão de grupo que se seguiu, Ana relatou o que tinha acontecido, porque não agüentaria a ansiedade de ter de esperar pelo retorno de Renato para dividir o sofrimento pelo qual estava passando.

Renato voltou ao grupo após um mês e ficou chocado quando soube quem era o amante de Ana. Já podia aceitar que o pai tivesse outra mulher. Tinha conhecido Marta e conhecia os projetos do pai de se casar com ela logo que conseguisse separar-se da mulher, mãe de Renato. Não podia evitar, no entanto, sentir-se traído pelo pai, porque era ele quem teria de cuidar da mãe infeliz e abandonada. E agora, mais essa, o pai não passava então de um canalha que ainda teve um caso com uma terceira mulher, Ana, diante de quem teve um comportamento covarde, indigno e indesculpável. Renato e Ana saem da sessão arrasados.

Na outra semana, no grupo, Renato está confuso e furioso. Interpela Ana e diz que se confrontou com o pai, o qual negou ter tido qualquer envolvimento com ela. Qual dos dois está mentindo? Ana não sabe o que dizer, ficando muito constrangida, compreendendo o sofrimento de Renato, lamentando o destino por integrarem o mesmo grupo, mas sustentando a sua versão. A sessão termina num clima de grande tensão.

O grupo vai embora, fico eu também tenso pensando no que fazer, fechando as janelas da sala e revivendo cenas da minha vida que se intercruzam com as destes meus clientes, tais como um intenso momento de abandono por que eu tinha passado recentemente, um casamento que eu tinha desfeito, ainda engasgado com conflitos que eu imaginava próximos daqueles que o pai de Renato vivia e o confronto que eu fazia comigo mesmo me chamando às falas. Saio do consultório e me encontro de repente no meio de Ana, Renato e o seu pai interpelando-a de dedo em riste, dizendo: "Diga na minha frente. Você me conhece?".

Abri de novo a porta, talvez com medo do escândalo (outras cenas de minha vida) e fomos os quatro à minha sala. Num momento altamente dramático, Renato queria saber a verdade sobre o seu pai, que por sua vez estava empenhado em defender a relação com o filho. Ana desejava livrar-se da dor a qualquer custo e foi neste instante que teve a certeza absoluta de que o pai de Renato era outra pessoa. Tratava-se de um falso reconhecimento. Estavam ali intimamente amalgamadas as cenas internas dos quatro, os nossos temores e as nossas "loucuras". Qual era a verdade neste encontro-desencontro de subjetividades? Qual o mais louco de cada um de nós? Que direção cênica dar a cada uma delas? Seria possível a co-criação de um projeto dramático num campo tão intensamente transferencial? Poderíamos defini-lo, no mínimo, como uma co-existência de "verdades" na falta de um consenso de "verdades"?

Este exemplo é significativo de como "verdades" construídas e conservadas transferencialmente no arcabouço de papéis imaginários e até revividas pelos papéis psicodramáticos (em cenas do grupo de Renato e Ana) podem se desfazer no confronto subjetivo de papéis sociais. No que diz respeito à revelação de tais verdades no processo psicodramático, a atuação da "loucura" na cena será revelada por meio dos papéis psicodramáticos, que resgatarão os papéis imaginários num novo *status nascendi*, desvinculado da transferência, como ponte para os papéis sociais, numa forma mais criativa de um modo relacional. Ou, então, não vinculada à transferência, pelo jogo de papéis de fantasia[3], uma nova categoria de papéis que propus ao discorrer sobre a paixão, que atua a imaginação criativa com mais facilidade, por não estarem vinculados a papéis complementares internos patológicos ou a vínculos residuais, como se vê, por exemplo, nos jogos dramáticos e nos jogos infantis. Sob este ponto de vista, o termo "loucura" aplica-se, aqui, apenas ao inusitado, num mundo em que a normalidade não passa de um critério estatístico, que define o lugar onde a maioria das pessoas se encontra. Este inusitado criativo pode assemelhar-se, aparentemente, ao inusitado não criativo da loucura cristalizadora em suas manifestações mais superficiais. A escolha livre e a falta de escolha definem a diferença.

Assim, teremos de considerar que em toda catarse de integração haverá necessariamente uma vertente de choque psicodramático e de onirodrama, se levarmos em conta que toda dramatização atua e revive a "loucura" e o inconsciente pelos papéis psicodramáticos.

Para isto, o diretor de psicodrama concorre com a função de diretor de cena, em que conjuga o papel de diretor do teatro tradicional, no momento do ensaio e no desenrolar único da própria peça, estando a platéia já presente.

Dito de outro modo, o diretor de teatro tradicional, no ensaio, está ou pode estar presente no cenário, pode interromper a cena e dia-

---

3. Conceito proposto e discutido no Capítulo V do livro *Ainda e sempre psicodrama*, *op. cit.*

logar com as personagens. Na encenação da peça propriamente dita, ele está ausente do teatro ou presente nos bastidores. O diretor de psicodrama está presente no cenário e dialoga com as personagens durante o próprio desenrolar da peça, podendo inclusive interpelar a platéia. Conjuga, portanto, o ensaio e a encenação final da peça num mesmo momento e este é o aspecto singular do psicodrama, que faz convergir teoria e técnica na direção cênica da loucura e dá substrato criativo à possibilidade do desenrolar do projeto dramático do protagonista, em que o próprio diretor está incluído, ampliando e limitando a sua mobilidade.

Mais um exemplo implacável da intromissão obrigatória da subjetividade do terapeuta no processo de seu cliente pode ser dado com o final de uma sessão de grupo, cujo tema da dramatização havia sido morte e a proteção de figuras parentais.

Um dos seus integrantes, um cliente relativamente novo que quase nada sabia de minha vida pessoal, comenta, posteriormente, que eu compus um crucifixo com os três quadros dispostos em triângulo sobre a minha cabeça, quando eu estava de pé encostado na parede, emoldurado por eles, ao encerrar a sessão. A imagem lhe deu uma sensação de morte ligada à dinâmica do grupo.

A princípio, minha tendência foi a de não lhe dar muita atenção, atribuindo o comentário a um psicologismo desproporcionado aos acontecimentos do grupo.

Todavia, logo me dei conta de que os três quadros são fotografias antigas, que retratam um botequim, um armazém e uma quitanda, que pertenceram a meus avós, em que eles, minha mãe e minhas tias, meninas ainda, estão presentes.

Acontece que estes meus avós não só desempenharam em minha vida um importante papel de proteção, como convivi com eles quase cinqüenta anos até falecerem em idade bem avançada, com um intervalo pequeno entre um e outro. E, além do mais, o dia em que ocorreu esta sessão foi o mesmo em que terminei este livro e, por isso, os últimos parágrafos deste capítulo constituem um adendo posterior. Justamente nesta data, pensei algumas vezes em meus avós e senti saudades deles. Era a data de seu aniversário de casamento.

Espelho meu, há alguém mais emocionado ou "louco" do que eu?

6

Aquecimento – caminhos para a dramatização

*Cida Davoli**

> "Todo jogo cria um mundo dentro de outro mundo — um território com suas próprias leis — e poderia considerar-se que o teatro é o mais estável dos muitos palácios encantados que a pueril humanidade construiu. A distinção entre a vida e a arte começa aí".[1]

A experiência de dirigir Teatro Espontâneo (TE) com públicos abertos[2] obrigou-me a pensar, desenvolver e aprofundar esta etapa do procedimento psicodramático. Como meu foco na dramatização tem sido a criação de uma cena, centralizada por um protagonista e co-criada pelo resto do grupo, foi imperativo encontrar novas formas de aquecimento que viabilizassem o foco em questão. Os aquecimentos que já existiam estavam a serviço de dramatizações com outros focos, que não a criação e, portanto, inadequados para meu propósito. Pretendo, então, lançar algumas idéias relativas ao aquecimento decorrentes dessa investigação.

O público presente ao TE demandava um preparo que o tornasse apto para uma atividade muito pouco costumeira que é *fazer teatro*.

---

* Psicóloga, psicodramatista, terapeuta de aluno e professora-supervisora pela Febrap. Diretora de teatro espontâneo, coordenadora do Antropocênica — grupo experimental de teatro espontâneo, iniciado em 1997.
1. Bentley, E. *La vida del drama*. Barcelona, Paidós Ibérica, 1982, p. 46.
2. A trupe da Companhia de Teatro Espontâneo, da qual participei como diretora, fez apresentações mensais de TE em diversos locais públicos, entre 1994 e 1996.

Mas não o convencional, e, sim, *o teatro de improviso*. Ele precisava se transformar num grupo propriamente dito (diversas pessoas reunidas para um mesmo fim) para poder criar e co-criar o enredo, interpretar suas personagens, dando forma e seqüência à história co-produzida pelo grupo, com começo, meio e fim. Tudo isso num período de mais ou menos uma hora e meia (tempo médio de uma peça de teatro convencional).

Mas antes de entrar propriamente no tema — aquecimento —, gostaria de contar um pouco sobre a minha trajetória pelo psicodrama. Algumas passagens conceituais importantes que ocorreram comigo podem ilustrar (só agora posso ver) como foi que cheguei a entender e fazer TE como faço hoje.

Escrevi meu primeiro texto de psicodrama quando estava no segundo ano de formação. Apresentei-o no III Congresso Brasileiro de Psicodrama, realizado em Caiobá — Paraná, em 1982. Tinha como título "Psicodiagnóstico Psicodramático"[3]. Minha inquietação nesse tempo era de uma psicóloga (me formei em 1976) querendo ser psicoterapeuta. Na minha formação acadêmica aprendi que havia três momentos na psicoterapia: psicodiagnóstico ou estudo de caso; entrevista devolutiva e a psicoterapia. O primeiro passo, então, seria saber fazer um bom psicodiagnóstico — psicodramático, é claro. Mas os conceitos relacionais e socionômicos trazidos por Moreno inviabilizavam a possibilidade de fazer psicodiagnósticos individuais, intrapsíquicos. Esse foi meu primeiro conflito teórico: utilizar o psicodrama, uma teoria que se dedica ao estudo e à terapêutica dos grupos, para psicodiagnosticar o indivíduo. Eu não percebia o conflito, ou melhor, a contradição em que estava envolvida (e tantos outros psicodramatistas também!). Mas para continuar a fazer valer o que tinha aprendido na faculdade, até porque era então confirmado por meus colegas psicodramatistas, clamava ao final do trabalho que se publicasse mais sobre o tema psicodiagnóstico.

Em 1986, apresento o trabalho: "Um drama coletivo — homossexualidade"[4], apresentado no V Congresso Brasileiro de Psicodrama,

---

3. *Revista da Febrap*, ano 7, nº 4, p. 179.
4. Anais do VI Congresso Brasileiro de Psicodrama, nº 3, p. 225.

realizado em Salvador—Bahia em 1986. Nele faço um levantamento sobre a mudança de comportamento ocorrida durante a revolução sexual dos anos 60. Minha investigação é como um papel social — no caso, o papel de homossexual — pode ser transformado em decorrência de um movimento/revolução social/sexual.

Identifico, nesse trabalho, influência, ou melhor, a responsabilidade que um grupo (seja ele toda uma sociedade, seja um pequeno grupo) pode ter na transformação, na descristalização, na criação ou na perpetuação de papéis sociais. Começo a perceber que é no grupo, e não nos indivíduos isolados que a espontaneidade/criatividade aparece, renasce ou ressurge.

Na época em que escrevi este trabalho não me dava conta de que me estava afastando aos poucos da idéia consagrada de que é no indivíduo que encontramos o *locus* da doença. Começava a vislumbrar o grupo, junto com o indivíduo, criando tanto a possibilidade como a impossibilidade da doença/saúde.

Posteriormente, escrevo um novo texto: "Psicodrama e sociodrama — uma caracterização"[5] — e afirmo que, metodologicamente, o dispositivo para o trabalho grupal é o mesmo (ainda não uso o termo TE) tanto no sociodrama quanto no psicodrama.

Já estou convencida, neste momento, de que a relação indivíduo/grupo é uma unidade, impossível de ser estudada ou trabalhada isoladamente, fundamentada pelo conceito de átomo social, papel, espontaneidade e tele. Portanto, o que faz a diferença entre sociodrama e psicodrama é o interesse e/ou a necessidade do grupo que participa. Para qualquer um deles, é sempre o mesmo procedimento sociopsicoterapêutico.

Recentemente escrevi um novo artigo: "Teatro Espontâneo e suas terminologias"[6]. Faço uma tentativa de classificar os grupos que são trabalhados, nas diferentes terminologias dadas ao Teatro Espontâneo (sociodrama, psicodrama, psicodrama público, axiodrama etc.). Teatro Espontâneo refere-se ao procedimento básico psicodramático ou, para sermos fiéis a Moreno, ao procedimento sociátrico. Teatro Espontâneo

---

5. *Revista Brasileira de Psicodrama*, ano 1, nº 2, 1990, p. 25.
6. *Revista Brasileira de Psicodrama*, v. 3, fasc. 1, 1995, p. 15.

é o teatro no qual o enredo é improvisado e criado pelos atores, pela platéia e pelo diretor. Ou, falando numa linguagem menos teatral, Teatro Espontâneo é a dramatização que se realiza no palco psicodramático, a partir de uma história protagônica, encenada pelo protagonista e pelos egos-auxiliares (profissionais ou não), assistida com eventuais participações por uma platéia, coordenada por um diretor. Tenho, porém, preferido usar a linguagem teatral para me referir ao procedimento sociátrico básico. Por um lado, pelas origens históricas do teatro; por outro, por ter me inspirado nas artes cênicas para desenvolver uma estética deste trabalho de direção grupal.

Depois de toda essa trajetória, tenho mais definido o lugar da doença/saúde, a influência do grupo no indivíduo e vice-versa, e o TE como dispositivo para o trabalho grupal.

Tenho me perguntado por que, cada vez menos, os psicodramatistas atendem grupos em seus consultórios. Se o *locus* da saúde/doença se dá nos grupos, por que temos deixado de atender grupos? Se a espontaneidade se dá nas relações, o que temos feito com esses conceitos nos atendimentos individuais?

E, em época de globalização, Mercosul, queda de fronteiras, não é esse o momento ideal para aprendermos a estar em grupos? À pergunta de Moreno feita em 1932, *who shall survive?* eu lhe respondo: sobreviverá quem souber conviver em grupos de maneira espontânea e criativa.

E é (só!!) isto que espero quando proponho um TE, seja no consultório, no teatro aberto ao público em geral, numa escola, seja num congresso. Que possamos aprender a sobreviver, ou melhor, a conviver em grupos.

Se meu objetivo é que os integrantes de um grupo possam dramatizar uma cena de maneira criativa, espontânea e coletiva, isto é, com a contribuição de todos, o aquecimento deve instrumentá-lo (o grupo) para isso. Diferentemente da tradição psicodramática, que considera(va) o aquecimento como o primo pobre em relação à dramatização ou mesmo em relação ao compartilhamento, passei a considerá-lo o primo rico, ou melhor, a matriz de criação. Como uma terra que se prepara para semear, em que o tipo de planta que nascerá apresentará reflexos dessa preparação. Nesta etapa, o diretor deve ter grande cuidado e atenção. É dessa terra bem preparada que depende em grande parte toda a riqueza e a beleza da dramatização — sua criatividade/espontaneidade. É aí que começa a desenhar o sociograma deste grupo, com suas escolhas e rejeições; a maneira como se relacionarão entre eles e com o diretor, e a forma como se dará o trabalho de co-criação. É no aquecimento, por intermédio dos exercícios próprios, que se começa a configurar a estética do projeto dramático. Esta etapa deve contemplar e engendrar todos esses aspectos[7].

Tenho considerado cinco subetapas de aquecimento, que se interpenetram. Para efeitos didáticos, encontram-se aqui separadas:

- a. ambientação;
- b. grupalização;
- c. preparação para o papel de ator;
- d. preparação para o papel de autor;
- e. preparação da platéia.

a. ambientação

Nesta subetapa temos de convergir as atenções dos participantes para o local onde será realizado o TE. Reconhecer o ambiente no qual iremos trabalhar, o espaço físico, familiarizando os indivíduos às diversas dimensões do lugar, como: volume, altura, distâncias, sons e cheiros. Permitir que as pessoas descubram as possibilidades físicas que o ambiente propicia. O aspecto físico pode parecer pouco importante para quem dramatiza com o foco na interioridade de cada indivíduo, mas como tenho por alvo a criação e a co-criação, este aspecto tem muita importância para mim, pois só podemos criar a partir dos elementos que temos (nada se cria, tudo se transforma). E o espaço físico é um desses elementos. Todos os exercícios de ambientação podem ser feitos tanto de maneira individual como coletiva (duplas, trios ou mesmo o grupo todo). O que não se pode perder de vista é que o ambiente deve ser muito bem conhecido e reconhecido.

---

7. Embora esteja falando de aquecimento inespecífico, penso que todas essas subetapas servem também para o aquecimento específico.

Esta etapa tem também a intenção de deixar o grupo à vontade no espaço em que vai trabalhar, diminuindo a tensão e a ansiedade que possam existir. Tudo para facilitar a criação.

b. grupalização

Para fazer com que um agrupamento de pessoas, qualquer que seja sua história anterior, se torne um grupo, é necessário prepará-lo para a grupalização. Chekhov nos diz: "Somente artistas unidos por verdadeira simpatia num conjunto improvisador podem conhecer a alegria da criação desinteressada e comum". Para se formar esse conjunto improvisador que nos fala este mestre russo do teatro, é importante que os participantes do TE possam se conhecer. O conhecimento não se deve dar só nos aspectos concretos vividos no contexto social, como idade, sexo, de onde viemos, quando nos formamos etc. Mas a grupalização visa ao reconhecimento do grupo que está inserto num projeto dramático comum, que é o de fazer TE. Para isso, as pessoas precisam conhecer atributos ou características das outras pessoas, vividas no contexto grupal, e que mais tarde serão vividas no contexto dramático. Suas expectativas, suas disponibilidades, suas qualidades artísticas, sua prontidão para o improviso. À medida que as pessoas vão se conhecendo, o grupo também vai se preparando para o trabalho grupal. O grupo precisa achar caminhos para trabalhar conjuntamente.

Já com o ambiente e com o grupo reconhecidos, ou em processo de reconhecimento, uma vez que esse conhecimento não se esgota, é importante que o grupo possa fazer exercícios no espaço físico. É nesta etapa do aquecimento que podemos criar, ensinar ou facilitar uma das principais metas do TE — trabalhar os grupos em grupo.

Fazer exercícios em grupo, no espaço físico, reconhecendo o tamanho do grupo, o volume que ele ocupa no espaço etc., são procedimentos sugeridos nesta etapa. É fundamental estabelecer um ritmo grupal para a criação coletiva. O grupo todo deve poder perceber e identificar esse ritmo. É mais um elemento que se conta para a criação.

Outro aspecto importante nesta subetapa é o que se poderia chamar de "enquanto cozinho o peixe, olho o gato". Isto é, ensinar, treinar, ou desenvolver nos grupos a interdependência e complementaridade dos indivíduos e de suas ações. As pessoas são solicitadas a fazer exercícios tendo de prestar atenção em si, ao mesmo tempo em que prestam atenção em seus colegas de trabalho. Num mundo tão narcisista e individualista como o que vivemos, o aquecimento para ouvir, responder, complementar a ação de outra pessoa é essencial. Preparados para a complementação, abrimos mais um caminho para a espontaneidade ter lugar no grupo e, principalmente, na dramatização.

Esses exercícios de aquecimento, além de capacitar os indivíduos para uma criação coletiva, vão criando no grupo redes sociométricas, que se vão transformando à medida que novas tarefas se coloquem. Essa plasticidade sociométrica é e será fundamental para que exista espontaneidade na dramatização.

Considerando que neste momento já possa existir um grupo, começamos uma próxima tarefa que é a de aquecer os indivíduos para atores e para autores.

c. preparação para o papel de ator

Tudo o que se passa no palco é metáfora. E tem a intenção de revelar algo da realidade.

Esta é uma das grandes dificuldades que temos no nosso trabalho. Preparar uma pessoa para ser um ator espontâneo. É preciso que ela empreste suas emoções, seus desejos pessoais às personagens criadas por ela ou por um companheiro de grupo, para poder dar veracidade ao enredo dramatizado no palco psicodramático.

"É o momento em que estes personagens saem para a cena e fazem demonstração de sua existência; é o momento em que os personagens põem em evidência que são papéis" [8].

Perigoso ou não, é aí, nas profundezas da pessoa, que o ator deve buscar seus personagens. Do contrário, será apenas um prestidigitador, um *jongleur* que fará malabarismos com seus personagens, sem com

---

8. Bentley, E. *La vida del drama*. Barcelona, Paidós Ibérica, 1982, p. 165.

eles se confundir; um marionetista, que manipulará suas marionetes, porém à distância ou, no máximo, um manipulador de fantoches que permite o contato, porém apenas epidérmico, com seus personagens. Não, o ator não trabalha com fantoches, marionetes ou bolas e bastões: trabalha com seres humanos, trabalha consigo mesmo, na descoberta infinita daquilo que é humano[9].

Para conseguir isso, nessa fase do aquecimento, procuro criar diferentes situações, sejam emocionais, físicas, corporais, para serem vividas por todos os participantes do grupo, a partir de diferentes personagens. Com isso, pretendo facilitar ou criar acessos entre ator e personagens.

"O ator de espontaneidade é centrífugo. O espírito do papel não está num livro, como acontece com o ator tradicional. Não está fora de si, no espaço, como se dá com o pintor ou escultor, mas é uma parte de si próprio"[10].

Quando se consegue essa comunicação entre ator e personagem, o que podemos ver no palco, embora uma metáfora, é de extrema veracidade. Emociona!

Essa comunicação é alcançada com a preparação física do ator. O seu corpo precisa estar disponível para poder viver diferentes personagens. Todos os exercícios descritos até agora demandam o uso do corpo. Ele também vai se preparando para a dramatização. Mas é sempre um corpo que deve ser preparado visando à ação, à interação, buscando a intenção da ação. É um corpo para fazer teatro. É um corpo pronto para a ação dramática, para a relação entre duas ou mais pessoas.

Sua voz também deve ser preparada, descoberta, explorada.

Ele deve aprender, reconhecer e identificar as inúmeras posições que o palco pode oferecer para a representação cênica. Qualquer que seja a posição escolhida pelos atores/autores, a visibilidade da platéia deve ser sempre motivo de preocupação. (Teatro é lugar de onde se vê.) Moreno chegava a fazer um diagrama de posições no palco. Em geral, essa preparação é feita no decorrer da própria dramatização.

---

9. Boal, A. *O arco-íris do desejo*. Rio de Janeiro, Civilização Brasileira, 1992, p. 51.
10. Moreno, J. L. *O teatro da espontaneidade*. São Paulo, Summus, 1983, p. 58.

Por ser um TE, no qual autor e ator são a mesma pessoa, essa etapa do aquecimento prepara, muitas vezes, para ambos os papéis, embora o papel propriamente de autor tenha outras peculiaridades que veremos a seguir.

d. preparação para o papel de autor

Este é o momento em que construiremos a dramaturgia desse grupo. Dois aspectos me parecem importantes nesta etapa.

O primeiro deles é ajudar a preparar os autores para que eles criem uma linguagem cênica e não uma linguagem literária. Muitas dramatizações se perdem ou se esvaziam por se basearem numa história literária, abstrata. Nos psicodramas clássicos, principalmente os clínicos, pode-se ver esse esmorecimento dramático. As histórias baseadas em conteúdos pessoais, quando não passam por um tratamento dramatúrgico, inviabilizam sua interpretação e encenação. Com tratamento dramatúrgico quero dizer criar personagens[11] em ação, que se localizam em algum lugar e em algum tempo. Muitas vezes, o que chamamos de personagens, na verdade, são atributos de personagem. Por exemplo: a RAIVA. Raiva não é uma personagem. O autor deve poder criar uma personagem que sinta raiva numa relação com alguém, em determinado contexto, numa cena. É isso que denomino linguagem cênica.

Nesses momentos, o aquecimento do ator pode colaborar no papel de autor. A pessoa pode colocar em palavras o que já havia experimentado corporalmente. Às vezes o caminho pode ser inverso, ou seja, cria-se primeiro uma personagem, com algum *script*, e depois o ator passa a criar gestos, formas de andar etc.

Qualquer que seja o caminho, os autores/atores devem estar preparados para dar continuidade à história. É o conflito dramático que garantirá essa continuidade. Esse conflito é sustentado pela oposição de desejos, vividos entre antagonista e protagonista.

Outro aspecto dessa preparação é que a criação se dará no TE de

---

11. Segundo Aristóteles, personagem é a resultante da interação da *Dianoia* (pensamento) e do *Ethos* (ação, ato, escolha).

forma coletiva. Como escrever uma história a tantas mãos? Esse me parece ser um grande aprendizado, que pode e deve acontecer num TE.

A autoria, ou melhor, a co-autoria se desenvolve à medida que a dramatização prossegue. Mas a dramatização prossegue na medida em que a co-autoria pode ser sustentada. É nesse sentido que o aquecimento para ator pode colaborar com o papel de autor. Colocamos em palavras o que fizemos com ação corporal anteriormente.

Todo o aquecimento anterior, feito com muita disciplina, visa preparar o grupo para poder criar e representar interdependentemente durante toda a dramatização específica. O grupo, os atores e os autores precisam receber uma preparação, um aquecimento, para poderem ser verdadeiramente espontâneos e criativos.

> O agente, o poeta, o ator, o músico, o pintor de improviso têm seu ponto de partida não fora de si, mas em seu interior, no "estado de espontaneidade". Isto não é uma coisa permanente, não é fixa nem rígida como o são as palavras escritas ou as melodias, mas, sim, fluentes, dotadas de uma cadência rítmica, subindo e descendo, crescendo e desaparecendo como os atos existenciais e, não obstante, diferente da vida. Este o estado de produção, princípio essencial de toda experiência criativa. Não é algo dado como palavras ou cores. Não é conservado, nem sequer registrado. O artista do improviso deve aquecer-se, deve realizá-lo caminhando morro acima. Assim que estiver percorrendo o caminho para o estado, este se desenvolve em toda sua força[12].

e. preparação da platéia

Depois da escolha de atores/autores, passamos à etapa da dramatização. É preciso cuidado com o resto do grupo que, nesse momento, se transforma em platéia. Todo o grupo foi aquecido para ser ator/autor. Só alguns sobem ao palco. Os outros ficam na platéia. Mas todo esse aquecimento não pode nem deve ser abortado.

A platéia do TE deve estar preparada para participar da dramatização. Sua participação pode ser voluntária ou solicitada pelo diretor. O aquecimento realizado até então deve permitir a participação vo-

---

12. Moreno, J. L. *O teatro da espontaneidade, opus cit.*, p. 56.

luntária. Mas o diretor deve ficar muito atento à audiência, preocupando-se com a manutenção de seu aquecimento. Para isso ele pode solicitar à platéia novas personagens, novas cenas, algum fundo musical feito por instrumentos, ou mesmo com vozes. Outra maneira de não permitir o desaquecimento da platéia é pedir a imitação de alguma personagem ou a repetição de alguma frase de um personagem, tentando reproduzir na platéia determinada emoção vivida no palco. Posso ainda solicitar à audiência que vá acompanhando a cena fazendo algum tipo de sonorização. Essa sonorização pode ser combinada durante a subetapa de grupalização para funcionar como uma manifestação organizada da platéia. Mas pode também ser criada e combinada neste momento. O que interessa é que a platéia tenha formas organizadas para participar na dramatização.

O que quero destacar nesta preparação é que os elementos da platéia devem estar constantemente prontos para poder participar como atores, como autores ou como platéia mesmo. Mas, para que essa participação possa ser espontânea, ela precisa sempre estar articulada à trama que se está desenvolvendo no palco.

Todos — atores, autores, platéia e diretor, cada um com seu papel — são responsáveis pela representação cênica e pela dramaturgia grupal.

Como disse no início, o aquecimento é como a terra que se prepara para o cultivo. Quanto melhor a trabalharmos, melhor será nossa colheita. Quanto melhor aquecermos o grupo, mais bela, mais reveladora, mais intensa e completa será a dramatização.

Como o aquecimento tem sido meu objeto de investigação, tenho certeza de não ter esgotado o assunto. Talvez ele nunca se esgote. Mas gostaria de ressaltar que, ainda que incompleto, tenho disciplinadamente me orientado por ele. Insisto na disciplina, mesmo que possa parecer contraditório com espontaneidade/criatividade. Stanislawsky, esse mestre do teatro, nos diz: "A disciplina férrea (...) é absolutamente necessária em qualquer atividade de grupo (...) Isto se aplica sobretudo à complexidade de uma representação teatral (...)" Sem disciplina não pode existir a arte do teatro. Embora ele esteja referindo-se ao teatro convencional, também no TE precisamos ter regras claras para podermos alcançar o processo de criação. Grotowski, outro mestre das artes cênicas, confirma: *"Não existe criatividade sem disciplina"*.

Para tentar estabelecer regras, ou melhor, disciplina de criação, é que tenho investigado o processo de aquecimento.

Embora a criação seja o foco da minha direção, o que verdadeiramente espero quando dirijo um TE é que as pessoas que participam possam aprender a viver em grupo, a criar coletivamente, a perceber e compreender a relatividade de nossas individualidades.

Espero estar no caminho...

7

O protagonista e o tema protagônico

*Luís Falivene R. Alves**

Nos tempos atuais, o termo protagonista vem sendo comumente usado para indicar o elemento mais evidente, cuja participação é preponderante em determinado evento. Sem se ater à correta acepção do vocábulo, assim têm sido chamados desde artistas, esportistas, políticos, até bandidos, corruptos e mesmo vítimas. Essa popularização do seu significado tem determinado uma tendência a que, também no psicodrama, algum elemento destacado do contexto grupal ou até mesmo o cliente de um atendimento individual sejam igualmente designados como protagonistas.

Tais fatos poderiam ter como conseqüência uma situação um tanto incongruente do ponto de vista da metodologia psicodramática: iniciarmos o nosso trabalho dramático *já contando com um protagonista*, para o qual um texto teria de ser adaptado, ou, pior ainda, partirmos de um roteiro preexistente, elaborado na medida certa para que fosse representado por determinado protagonista. Em ambas as situações, estaríamos invalidando a própria razão de ser do teatro terapêutico, isto é, a criaturgia, a dramaturgia do momento.

Moreno, quando estabeleceu os cinco instrumentos do psicodrama — cenário, protagonista, diretor, ego-auxiliar e público — tinha

---

* Médico-psiquiatra pela FMUSP. Psicodramatista pela SOPSP e Inst. J. L. Moreno da Argentina. Professor-supervisor do Instituto de Psicodrama e Psicoterapia de Grupo de Campinas. Professor-supervisor pela Febrap.

como referência o método psicodramático e, mais especificamente, o contexto dramático. O que é pertinente ao contexto grupal é uma divisão de papéis: de um lado as pessoas interessadas ou necessitadas da ação dramática que ali se desenvolverá — os clientes — e, do outro lado, a equipe técnica de um ou mais elementos (coordenador, supervisor, terapeuta, co-terapeuta etc.). Nominar clientes e equipe técnica, já no contexto grupal, como protagonista, público, diretor e ego seria apenas uma antecipação do que ocorreria na próxima etapa, ou seja, no contexto dramático. Se essa previsibilidade é possível em relação a profissionais previamente contratados, isto é, sabermos de antemão que o dr. Fulano será o diretor e o sr. Sicrano, o ego-auxiliar, isso não se pode afirmar no caso de uma unidade funcional que trabalhe em co-terapia. A mesma coisa ocorre quando a chamada equipe técnica é constituída por um único profissional; como antever qual dos elementos do grupo será solicitado a atuar como ego-auxiliar?

Atestando ainda mais essa confusão nominativa, temos lido e ouvido que, numa situação sociodramática, o protagonista é o grupo, quando na verdade o que se quer elucidar é que o objetivo daquele ato dramático será atender a uma demanda própria ou criada pelo próprio grupo, intra ou intergrupal, configurando-o, portanto, como cliente. Errado seria denominá-lo protagonista, até porque, em muitas situações consideradas sociodramáticas, nas quais são focalizadas as dificuldades ou os reajustes intragrupais, utilizamo-nos de jogos de interação, de percepção, de investigação sociométrica, em que não há protagonização; esta só ocorrerá quando a textura se fizer dramática.

Outra inexatidão é quando se afirma que o protagonista foi o tema, revelando-se um equívoco com o que se denomina tema protagônico.

O tema protagônico é o texto, o roteiro ou o assunto construído e desenvolvido durante o ato psicodramático (*latu sensu*); tem como sua expressão maior o protagonista, responsável que é pelo encaminhamento e por seu desfecho. O tema protagônico tem suas premissas no contexto social, delineia-se no contexto grupal, e desenvolve-se e define-se no contexto dramático. Ao mesmo tempo que vai desvelando o tema protagônico, o diretor propicia o surgimento do protagonista, o que se dará sempre por intermédio de personagens, reais ou simbólicas, metafóricas, exclusivas do contexto dramático.

Tanto rigor conceitual é por considerar que a protagonização é a própria razão do psicodrama.

Antes de melhor definirmos o protagonista, vejamos um exemplo que servirá de aquecimento para as futuras reflexões. Imaginemos uma sessão de psicoterapia psicodramática:

O terapeuta, como sempre o faz, dirige-se à sala de espera de seu consultório para recepcionar os integrantes do grupo de psicoterapia e aproveita para ouvir parte da conversa que ali se estabelecera: falam dos filmes a que assistiram que concorrem ao Oscar, dos interesses da mídia, do provável vencedor etc. Para o diretor psicodramático dá-se aí um primeiro contato com o *tema protagônico: ganhar ou perder?*

Adentram a sala de atendimento e o assunto continua mais um pouco. Segue-se um curto silêncio a denunciar o início do contexto terapêutico. Após algumas perguntas e respostas referentes a questões tratadas em sessões anteriores, um dos elementos do grupo, Daniela, relata um provável desemprego, indagando-se a respeito de nunca conseguir progredir na sua profissão. O desemprego é uma ameaça generalizada nesse momento do país e o grupo solidariza-se e fica extremamente envolvido com Daniela. O *tema protagônico* vai se desenvolvendo: *ganhar ou perder, permanecer ou recomeçar?* O grupo incentiva e o diretor propõe o trabalho dramático.

Uma primeira cena é proposta: um encontro entre Daniela e seu papel profissional. Renata, outro membro do grupo, é escolhida para desempenhar este último papel; vacilante, recusa a solicitação: está triste, está com raiva, prefere não participar da cena, descobrira que havia uma rival ameaçando seu casamento. O grupo então se volta para Renata, interessa-se em saber o que aconteceu e, nesse momento, desinteressa-se por Daniela. Mas no palco estão diretor e Daniela: o que fazer?

Se já tivéssemos nomeado Daniela como protagonista, estaríamos aprisionados a essa determinação e buscando culpados pelo ocorrido: falta de aquecimento? Precipitação? Falso protagonismo? Ou avaliaríamos a postura de Renata como uma ação manipuladora e transferencial da situação triangular ora vivida? Poderia ser tudo isso

91

ou nada disso. Melhor que sejamos mais psicodramatistas e considerarmos que se trata do desenvolvimento do tema protagônico do grupo: *ganhar ou perder, permanecer ou recomeçar, rivalizar-disputar ou se excluir.*

Bem, mas o que fazer? Diretor e Daniela estão ali, de pé no palco psicodramático, e o grupo está voltado para Renata. O entendimento deve ser que o contexto ainda é grupal, não se fez dramático. Ainda não surgiu o protagonista, sendo preciso, no entanto, respeitar Daniela e o aquecimento que já se iniciara para a ação. O diretor convida Renata a vir ao palco. Segura as mãos de Daniela e Renata, assegurando uma continência para as duas, e endereça a palavra ao grupo: — "Daniela e Renata nos trazem seus sofrimentos diante da possibilidade de perderem seus papéis: de funcionária, de esposa. Eu e Daniela estávamos iniciando o aquecimento para a dramatização e também ficamos ameaçados de perder nossos papéis quando se começou a fazer perguntas a Renata. Estamos diante de um tema que é de todos nós: a ameaça de perder uma pessoa, um papel, uma função. As questões do amor tocam mais fundo a nossa alma, mas nas várias situações estamos falando do amor pelo outro, do amor do outro ou do amor por nós mesmos. Qualquer um de nós poderá encarregar-se de desenvolver o tema dramaticamente. Daniela? Renata? Algum de vocês? Daniela e Renata?".

Com essa atitude, o diretor confirma que o protagonista será a personagem que surgirá no contexto dramático; não mais só Daniela ou Renata, mas uma representante de todos que questionará e buscará a transformação da questão proposta.

Daniela, percebendo o clima emocional do grupo, se manifesta: "Acho que Renata está mais sofrida; se ela trabalhar esse problema estará também me ajudando". O grupo faz sinais de concordância.

O diretor, ainda dirigindo-se a Daniela e preparando seu retorno à platéia: "Antes estávamos nos aquecendo para uma cena sua, agora o faremos em relação a Renata. Você teria alguma sugestão de cena para propor a ela?". (A intenção do diretor é manter a cumplicidade entre as duas.)

Daniela: "Seria uma cena dela conversando com o marido sobre o casamento".

Renata: "Poderia ser, mas será uma cena de ciúmes, cheia de agressões, e nem me arrependo do que disse. O pior é uma sensação comigo mesma, uma indefinição, certa confusão".

Diretor: "Comecemos então por essa sensação. Tudo bem para você, Renata? Para você, Daniela (já sentada junto ao grupo)? Para o grupo?... Renata, feche os olhos e entre em contato com essa confusão... Deixe a sensação se expressar por movimentos, sons, palavras...".

Renata diz que não lhe surge nada. O diretor propõe que ela seja então a própria confusão.

Diretor: "Confusão, vá transformando Renata (agora desempenhada por outro elemento do grupo) em uma personagem".

Surge a figura de uma donzela da corte (claramente influenciada pelos filmes discutidos na sala de espera). A cena escolhida é a jovem ter de se comprometer a um casamento com um príncipe a quem não ama. No desenrolar dramático, a sensação de confusão reaparece na confrontação com outras três personagens: um monarca a lembrar a nobreza do gesto, uma mãe, santa, a mostrar o valor do sacrifício e uma camponesa que acena com a beleza da liberdade e da paixão. Por meio da intervenção das técnicas psicodramáticas, o conflito vai se intensificando entre a mãe-sacrifício e a camponesa-liberdade. O ápice é atingido quando a mãe revela ter feito uma promessa para que a filha não morresse no parto: prepararia a criança para salvar o povo e a nação. Tinha receio agora que, se ela negasse esse destino, morreria. O tema protagônico mais se configura: *ganhar ou perder, permanecer ou recomeçar, disputar ou se excluir, viver ou morrer.* É preciso optar: uma vida ofertada ou uma existência em aberto, conserva ou criatividade, morrer ou viver? Por meio do espelho psicodramático, a percepção decisória: aceitar a vida designada seria a verdadeira morte. A decisão se faz: renuncia à coroa. Agora, no entanto, sente-se tão só; se antes tivera aqueles que a prepararam, agora não tem ninguém. Um primeiro ego se oferece: a jovem camponesa lhe estende as mãos. O diretor pergunta se mais alguém quer acompanhá-la. Todo o grupo faz um cortejo transformador.

Na criação conjunta, na transformação dramática, no compartilhar, a certeza de que a donzela foi a protagonista: a que soube perder e ganhar, a que se propõe a recomeçar para poder permanecer, a que disputou para não ficar excluída, a que decidiu o que é viver, para não morrer. Assim se conclui o tema protagônico que, no retorno ao contexto grupal, permite a troca emocional e a reflexão sobre as identificações ocorridas.

Renata referencia-se ao fato de que sua mãe sempre se preocupara com que ela não sofresse. Pactuando esse direcionamento da mãe, casara-se com um homem extremamente apaixonado por ela, como se com isso tivesse o controle da sua felicidade. Sua escolha se fizera mais pelo critério da segurança, agora abalada pela traição descoberta. Descuidara da sua própria opção e da liberdade de poder expressar os seus amores.

Daniela tinha sido criada para valorizar os papéis de mãe e de dona-de-casa. A profissão nunca fora encarada por ela e pela família como um valor. Ela seguira o modelo da mãe e da avó, com a aprovação do marido e do pai. Nunca investira na carreira, no seu *status* profissional, vivera uma vida destinada. Podemos então concluir que a protagonista se revelou por intermédio de uma personagem: donzela, no desempenho de determinados papéis convergentes — filha, esposa prometida, futura princesa — que lhe trouxeram conflitos e indagações, que demandavam modificações.

Retomando as questões inicialmente trazidas, colocamo-nos agora diante da necessidade de uma melhor conceituação desse instrumento psicodramático: o protagonista.

Defino *protagonista* como "o elemento do contexto dramático que surge através de uma personagem no desempenho de um papel, questionador de sua ação e sua emoção, e é representante emocional das relações estabelecidas entre os elementos de um grupo, ou entre diretor e cliente, que têm um projeto dramático comum".

Ao assim conceituá-lo, quero exatamente desvinculá-lo da figura do indivíduo participante do contexto grupal, cuja queixa ou temática tenha justificado a proposta da dramatização. Quando convidamos um ou mais elementos de um grupo ou o cliente de um atendimento individual a entrarem no palco psicodramático, na verdade estamos convocando autores que também serão atores da trama que ali se desenvolverá. Nesse processo, várias personagens serão criadas e dentre estas uma se destacará por seu questionamento, sua emoção e por mobilizar o drama que demanda uma transformação. A essa personagem que se faz principal se enunciará: protagonista.

Essa figura do protagonista tem sua origem na tragédia grega do século v a.c. Tínhamos até então os rituais religiosos, a epopéia e a poesia lírica como representações míticas do povo helênico, mas é com o homem trágico que as condições sociais e psicológicas da vida humana passam a ser expressas. A tragédia não é apenas um gênero literário, é uma instituição social na qual a cidade e seus cidadãos se fazem representar, agora não só para exaltar os seus heróis, mas para questioná-los. Inicialmente estava estruturada por um *coro*, constituído por um grupo de cidadãos que, por meio de evoluções e do canto, tinha o papel de comentar a narrativa e exprimir os sentimentos da comunidade.

Téspis, o primeiro autor trágico, tira do coro um elemento que, ainda usando máscaras, não no sentido ritual mas como caracterização, vai encarnar a figura do herói. Essa personagem individualizada serve ao desenvolvimento da temática, ficando com o canto coral a ordem dos sentimentos. A esse primeiro ator vai ser acrescentado um segundo, também tirado do coro; o entrechoque de personagens se faz em cena, e, na medida em que esta se enriquece de outros elementos, o coro vai diminuindo, mudando e perdendo sua função. O teatro grego passa a ser uma assembléia popular em que os valores tradicionais são questionados. É na encenação que o passado se faz presente, o distante se faz próximo.

O herói, na perspectiva trágica, está sempre em dois planos: o da causalidade divina e o da causalidade humana. De Ésquilo a Eurípedes vai havendo um deslocamento da ênfase dos poderes divinos para aqueles advindos de um eu, dos sentimentos e paixões do homem. A personagem central da tragédia grega vai passando de simples encenadora da narrativa a questionadora de sua própria ação. É essa figura, destacada pela tragédia grega, que nos interessa. *É o protagonista, personagem principal do drama, responsável pelo fio condutor da ação, o principal lutador* (protoagonistés), *aquele que vai confrontar o antigo e o novo, o passado e o presente, o sagrado e o profano, o mito e a cidade, aquele que, aceitando o questionamento da comunidade, vai decifrar o enigma de sua história.*

E quem é esse protagonista no psicodrama? Como ele surge? Seriam diferentes suas conceituações, conforme a situação, de psicodrama público, grupal, bipessoal ou sociodramático? A fim de melhor respondermos a essas questões, descreveremos em seus pontos mais importantes uma situação ocorrida em supervisão grupal.

Um dos alunos, que chamaremos de A, traz uma dificuldade em lidar com uma cena dramática, interrompida pelo choro de sua cliente. Entre outras necessidades apresentadas, o grupo escolhe a referida acima para ser supervisionada. O supervisor solicita que seja dramatizado o ocorrido na sessão.

Temos agora no cenário dramático a cliente (representada pelo aluno supervisionado A) e o terapeuta (representado por outro aluno, que chamaremos de B).

CENA 1 — cenário: consultório; personagens: cliente e terapeuta.

Cliente, dirigindo-se ao terapeuta: "Quero falar com meu pai sobre minha mudança de casa, mas sei que na hora vou chorar e não conseguirei continuar".

O terapeuta propõe a dramatização desta cena.

CENA 2 — cenário: a sala na casa da cliente; personagens: pai e filha.

Filha, sentada diante do pai, diz: "Pai, vou mudar desta casa, estou em busca de um espaço meu. Aqui foi tudo sempre para minha irmã...", cai em prantos e interrompe a fala.

O terapeuta B não sabe como dar continuidade à cena e esta é paralisada, à semelhança do ocorrido na situação real com o terapeuta A.

Nesse momento, o terapeuta B, na situação supervisionada, identifica-se com o terapeuta A da situação real, e os dois, por sua vez, estão identificados com a cliente. No contexto grupal, os outros alunos se questionam sobre o que fazer. Todos estão imobilizados pelo choro. Olham para o supervisor, solicitando ajuda. O fluxo da vida poderá ser detido, queixara-se a cliente; o fluxo da cena dramatizada no consultório havia sido interrompido, queixava-se o aluno; e ali se queixam todos de que estão paralisados. Futuro, passado e presente aí estão, num só momento. Filha, cliente real, cliente dramático, terapeuta real, terapeuta dramático, alunos e supervisor, todos estão unidos por uma emoção e por um projeto comum. Contexto social (casa-consultório) e contexto grupal (supervisão) estão representados no contexto dramático pela "filha imobilizada pelo choro".

É a essa personagem que chamamos protagonista. Na situação descrita, ela aparece na segunda cena, quando a problemática, inicialmente individual, faz-se coletiva. Emerge da trama emocional desenvolvida nas relações pai-filha, terapeuta-cliente, terapeuta-cliente-grupo, terapeuta-grupo-supervisor. O nosso protagonista é o *"homem imobilizado por sua emoção"*, e não *"aquele que quer sair de casa" ou "o que quer comunicar tal fato ao pai"*, nem mesmo *"o aluno com dificuldades no seu desempenho profissional"*. O projeto não será mais *"conseguir falar com o pai"* ou *"atender bem ao cliente"*, *"aprender"* ou *"ensinar"*. Todos estes não vão ser anulados, mas estarão contidos em um só, a ser vivido pelo protagonista. Ele será o lutador principal, o que vai enfrentar a sua, que também é nossa, imobilização. Se antes tínhamos o texto, agora temos o subtexto, a trama a ser desvendada, a possibilidade renovadora.

Se até agora afirmamos que só nesta segunda cena é que surgiu o protagonista, o que tínhamos até então, quem era esse elemento que aparece na primeira cena, ou aquele vindo do contexto grupal?

A fim de esclarecermos esses aspectos, observemos algumas situações que possam ocorrer no grupo. Quando, por meio do relato de acontecimentos, queixas, sentimentos etc., há uma interação entre seus integrantes, com uma configuração sociométrica em torno de um elemento, que conflui em si a problemática pessoal dos demais participantes, podemos dizer que estamos diante de um *emergente grupal*. Outras vezes, é um dos indivíduos que se apresenta em situações de crise, extremamente ansioso ou deprimido, e, na dependência de haver uma boa coesão grupal, esta pode ser manifesta por uma intenção e ajuda a esse elemento sofredor, culminando com uma *indicação* dele para o trabalho dramático. Há outras situações, ainda, em que são trazidas várias problemáticas pessoais, sem que se verifique a aglutinação do grupo em torno de um ou de outro tema, sendo comuns práticas utilizadas pelos psicodramatistas no sentido de que se *escolha* um dos membros para viabilizar o projeto dramático. A esse elemento *emergente, indicado* ou *escolhido*, não poderemos chamar protagonista; é melhor denominá-lo "*representante do grupo*" ou outro termo que o possa identificar, já que a protagonização é função do contexto dramático. Se procurássemos uma correlação com o teatro grego, diríamos que o que se passa no contexto grupal se assemelharia à narrativa épica, seus movimentos pareceriam as evoluções do coro, estaríamos no plano do predestinado, da causalidade divina. É no *como se* do contexto dramático que a máscara ritual ou protetora é retirada, para que surja a personagem questionadora de sua ação e de sua emoção.

Quando o terapeuta-diretor e o representante do grupo, ou o cliente da individual, se encontram no contexto dramático, há uma primeira fase em que toda a ação está na dependência do diretor; ali está ele de pé, perguntando, solicitando imagens ou cenas, tomando as iniciativas. A atenção concentra-se sobre ele. É o curandeiro, o salvador, o que pode resolver a problemática apresentada, aquele que mais fortemente apresenta a intenção dramática, o principal lutador. Podemos então dizer que a protagonização inicial é do diretor que, com o aquecimento das primeiras cenas, vai possibilitando que *o movimento protagônico se desloque para as personagens que forem surgindo na dramatização*. É comum acontecerem cenas que servirão mais para a pesquisa de um átomo social, para entrevistar, fazer algum assinalamento, com situações de baixa intensidade emocional, pouca espontaneidade, a exigir constantes interferências do diretor. Outra cena, uma palavra-chave, um sentimento despertado, poderão mobilizar forças emocionais no cliente, no terapeuta e no grupo, propiciando ao diretor a identificação do protagonista. A partir daí o fluxo dramático acontece, a figura do diretor passa desapercebida pelo grupo e pelo cliente, agora o terapeuta está incorporado na ação, contracena com o protagonista.

Originado dos estados co-consciente e co-inconsciente e de um projeto dramático comum, representante emocional das relações estabelecidas entre os membros da sessão, ali está o questionador, o decifrador, o modificador, o combatente do drama comum. Esse é o protagonista; os elementos que o antecederam podem ser chamados de *pré-protagônicos* ou *protagonistas intermediários*.

Nas terapias processuais podemos ter sessões com dramatizações de caráter descritivo, compreensivo ou de aquecimento, e as cenas se constituírem por esses elementos pré-protagônicos. Em outras ocasiões a temática pode ser grupal, a problemática pode estar na inter-relação dos participantes ou ser intergrupal e, nesse caso, dizemos que o grupo é o sujeito cliente, podendo-se optar por um trabalho com ou sem protagonista.

Dissemos anteriormente que o que se passa no contexto grupal se assemelharia à narrativa épica, mas há sessões, no entanto, cujo desenvolvimento se faz em nível verbal, mas com uma configuração em que, definido o *emergente*, o restante do grupo se posiciona ora como seu público espectador, ora como seu interlocutor. Nessas situações, se tivermos uma narrativa com composição de fatos, presentificação de sentimentos, questionamento da trama, tudo isso a provocar um comprometimento emocional dos participantes com aquele elemento, podemos dizer que mesmo na ausência das clássicas dramatizações o contexto grupal se fez dramático. A estrutura dramática aí estará presente: de um lado teremos o narrador que vai se fazendo personagem, e do outro o grupo, às vezes silencioso como espectador-testemunha do acontecimento, outras vezes a fazer perguntas, colocações, expressar sentimentos, à semelhança dos coreutas do teatro grego. O épico se faz *tragédia*.

Deve-se ressaltar a importância da função espectador-participante do terapeuta nas sessões grupais e, principalmente, nas terapias bipessoais. Por intermédio da sua adesão afetiva, por vezes identificação, o psicodramatista intriga-se com a *intriga*, escuta porque quer saber mais, pergunta para se compromissar, torna-se cúmplice para que o relato se faça *drama*. A intersubjetividade será o sustentáculo do clima emocional a demandar um projeto comum, guia do movimento protagônico. Este irá deslocar-se por uma sucessão de personagens, papéis, relações, emoções.

O movimento protagônico estará presente no contexto grupal, mas é no contexto dramático que se dará o surgimento do *protagonista*. A cena é seu *locus nascendi*, sendo o inter-relacional sua matriz, e é por meio dele que autor, ator e personagem se fazem um só elemento. Constituindo-se um dos pilares fundamentais do psicodrama, podemos concluir que é por sua definição que o teatro se faz terapêutico, a revolução criadora.

REFERÊNCIAS BIBLIOGRÁFICAS

FALIVENE, L. A. "O protagonista: conceito e articulações na teoria e na prática". Anais do 7º Congresso Brasileiro de Psicodrama, pp. 557-9, 1990; e *Revista Brasileira de Psicodrama*, v. 2, fasc. 1, pp. 49-55, 1994.

FALIVENE, L. A. *et al.* "Jogo: imaginário autorizado, imaginário exteriorizado". In: MOTTA, J., org. *O jogo no psicodrama*. São Paulo, Ágora, pp. 45-6, 1995.

FREIRE, A. *O teatro grego*. Braga, Publicações Fac. Filosofia, 1985.

LESKY, A. *A tragédia grega*. 2ª ed. São Paulo, Perspectiva, 1990.

MORENO, J. L. *Psicoterapia de grupo e psicodrama*. São Paulo, Mestre Jou, 1974.

TOUCHARD, P. A. *Dionísio: apologia do teatro*. São Paulo, Cultrix, 1978.

VERNANT, J. P. e NAQUET, P. V. *Mito e tragédia na Grécia Antiga*. São Paulo, Brasiliense, 1988.

8

Multiplicação dramática[*]
A multiplicidade heterogênea e caótica do grupo como possibilidade terapêutica

Pedro Mascarenhas[**]

> "Nós todos sabemos que arte não é verdade.
> Arte é uma mentira que nos faz produzir verdade."
> *Pablo Picasso*

Este artigo está baseado no Capítulo dois do trabalho apresentado para credenciamento como professor supervisor da Febrap, intitulado: "Multiplicação dramática, uma poética do psicodrama", de minha autoria (Mascarenhas, 1995). Pretendo apresentar um histórico do conceito de multiplicação dramática, um resumo sucinto desta conceituação e uma indicação esquemática de como a tenho aplicado.

O que mais me aproximou da multiplicação dramática foi a maneira rigorosa e radical que trabalha com a diversão da espontaneidade/criatividade.

O conceito de multiplicação dramática começa a se delinear na década de 70, com as experiências de ensino de coordenadores de grupo conhecidas como cenas temidas dos coordenadores de grupo,

---

[*] Uma primeira versão deste trabalho foi publicada na revista *Leituras*, v. 12, 1995, e na *Revista Brasileira de Psicodrama*. v. 4 (1), 1996.

[**] Médico, psiquiatra e psicodramatista. Professor-supervisor pela SOPSP/Febrap, Diretor pelo Instituto J. L. Moreno de São Paulo. Professor do curso de psicodrama da PUC/SOPSP e professor-coordenador do Instituto de Psicodrama J. L. Moreno de São Paulo.

publicadas no livro *Las escenas temidas del coordinador de grupos*, escrito em Buenos Aires entre 1974 e 1975[1]. As experiências iniciais continuaram sendo realizadas durante os anos de 1978 a 1980, em Madri e Gotemburgo, com grupos de análise didática grupal. Frydlewsky, nessa mesma época, desenvolveu paralelamente este conceito em Buenos Aires. Esse trabalho de formação/ensino está descrito no artigo "Analisis didactico grupal"[2]. Pavlovsky também indica[3], como precursor desse conceito, seu artigo "A personalidade do psicoterapeuta" no livro *Psicoterapia de grupo en ninõs e adolescentes*, em 1974. Na década de 80, essa linha de investigação prossegue com pesquisas em torno da matriz do criativo, tal como é relatada no livro *Espacios y criatividad*[4].

Em 1982, Wilson Castello de Almeida[5] já fazia referência à correlação entre a obra aberta de Umberto Eco e o psicodrama.

Em 1987, a revista *Lo Grupal* publica um artigo no qual Frydlewsky, Kesselman e Pavlovsky conceituam claramente, pela primeira vez, o que é multiplicação dramática[6]. No artigo, articulam os conceitos que Umberto Eco formulou em seu livro *Obra aberta*[7] com o conceito de multiplicação dramática. Partindo das ciências da comunicação, Eco analisa a obra de arte a partir de modelos semióticos criados inicialmente por Peirce. Seu interesse recai particularmente na estrutura comunicacional das obras de arte e na participação ativa do público. Posteriormente, em 1989, foi publicado originalmente na Argentina o livro *A multiplicação dramática*[8], traduzido para o português em 1991, cuja frase tema é "Multiplicar ao invés de reduzir".

---

1. Pavlovsky, Kesselman e Frydlewsky. *Las escenas temidas del coordinador de grupos*. Madri, Fundamentos, 1978.

2. Pavlovsky, E. *Clínica grupal*. Buenos Aires, Busqueda, 1974.

3. Pavlovsky, E. *Processo criador. Terapia y existencia*. Buenos Aires, Busqueda, 1981, p. 88.

4. Pavlovsky, E. *Espacios y criatividad*. Buenos Aires, Busqueda, 1980.

5. Almeida, C. W. *Psicoterapia aberta. Formas do Encontro*. São Paulo, Ágora, 1982, p. 123.

6. Kesselman, Pavlovsky e Frydlewsky. "La obra abierta de Umberto Eco y la multiplicación dramatica". Revista *Lo Grupal*. Buenos Aires, Busqueda, 1987, pp. 17-8.

7. Eco, U. *Obra aberta*. São Paulo, Perspectiva, 1991.

8. Kesselman e Pavlovsky. *A multiplicação dramática*. São Paulo, Hucitec, 1991, p. 80.

Nessa obra, os autores situam a multiplicação dramática no pólo oposto ao da redução interpretativa[9] e direcionam-se para uma concepção de psicoterapia que valoriza o gozo estético na arte de curar. Tentam articular também as idéias de Gilles Deleuze e Felix Guattari com a clínica psicoterápica[10]. As recentes discussões e avanços do conceito estão publicados na revista *Lo Grupal* (desde 1983 até hoje).

Ao longo dos últimos 25 anos — de 1974 a 1999 — o conceito de multiplicação dramática foi sendo construído na direção de uma nova forma de pensar o dispositivo grupal, afastando-se cada vez mais de uma simples técnica dramática. Aliás, na opinião dos autores, nunca foi uma simples técnica dramática[11]. É um fazer/saber que não tem uma disciplina específica. Concebe o dispositivo grupal como máquina de produção de sentidos.

Máquina é um termo criado, na esquizoanálise, para se opor à subjetividade humana. O inconsciente maquínico abrange os mais diversos fluxos de signos, fluxos sociais e materiais. A máquina se define por um sistema de cortes e fluxos. Corta um fluxo de energia para transformá-lo em outro fluxo de movimento, ou qualquer outro tipo de energia. Toda máquina corta um fluxo que era contínuo, mas que se originou de outro corte, e assim por diante. O corte não se opõe ao fluxo, mas condiciona um novo fluxo. Podemos localizar esta conceituação em relação à quarta dimensão do psicodrama, isto é, do fluxo associativo de cenas. Uma cena é um corte num fluxo já instituído e é a fundação de um novo fluxo de cenas. Desse processo brota o desejo e vice-versa. Dessa maneira, as máquinas são máquinas de máquinas, produção de produção. Máquina que corta fluxos associativos e produz fluxos associativos, e assim por diante. Máquinas estão sempre agenciadas por outras máquinas. Além disso, toda máquina (cena) comporta um ou vários códigos. O grupo como máquina produtora de sentidos não é uma metáfora, mas literalmente corta e produz fluxos associativos.

A multiplicação dramática, como instrumento conceitual, vem sendo trabalhada a partir de diversas experiências que confluem: 1)

---

9. Nem toda interpretação é redutora e paralisante do fluxo de criação de sentidos.
10. Kesselman e Pavlovsky, *opus cit.*, 1991, p. 38.
11. *Idem, ibidem*, pp. 18-38.

trabalhos terapêuticos compartilhados, isto é, co-direção; 2) grupos autogeridos de trabalho, ou seja, o coordenador é emergente do próprio grupo, construindo um espaço de mútua supervisão e multiplicação; 3) ensino de coordenação grupal centrado nos conflitos do coordenador ou da equipe coordenadora, isto é, nas cenas temidas dos coordenadores grupais como via régia para explorar cenas familiares. Essa confluência de dispositivos grupais vem se constituindo a cozinha do conceito de multiplicação dramática.

A formação dos autores pode nos ajudar a delimitar outros elementos da cozinha conceitual[12]. Kesselman trabalha com o referencial de grupo operativo de Pichon Rivière; psicodrama analítico de Pavlovsky e Frydlewsky; grupo análise de Hanne, Juan Campos e Malcon Pines; corpodrama e dinâmica corporal de Susana de Kesselman[13]. Pavlovsky trabalha com o referencial de Freud, Bion, Ezriel, Slavson, Foulkes, Levobici, Anzieu, Kaes, Langer-Grinberg-Rodrigué; acrescentam-se ao seu referencial diversas experiências teatrais como ator e autor; e o treinamento com J. L. Moreno e Zerka Moreno, em Beacon, no ano de 1963. São autores com forte influência da escola psicanalítica argentina, do Grupo Plataforma[14], da psicanálise social de Pichon Rivière e das escolas de psicoterapias de grupo psicanalíticas. O psicodrama entra como uma formação posterior, como é o caso da maioria dos autores argentinos.

Para que uma experiência dramática se enquadre no conceito de multiplicação dramática, é necessário que a experiência grupal siga determinada seqüência, tal como:

1. relato de uma experiência pessoal, ancorada nas cenas temidas;
2. dramatização da cena do protagonista explorada com os recursos necessários, de preferência a partir de uma cena que

---

12. Kesselman e Pavlovsky, *opus cit.*, 1991, p. 109.

13. Pavlovsky, E. *Processo criador. Terapia y existencia.* Buenos Aires, Busqueda, 1981, pp. 75-80.

14. O Movimento Plataforma surgiu no ano de 1969 e se desenvolveu na década de 70. Liderado por Marie Langer, Fernando Uloa, Emílio Rodrigue e outros psicanalistas argentinos, inspirados no movimento político-cultural dos anos 68, busca uma mudança nas escolas psicanalíticas e na própria psicanálise.

tenha acontecido com o protagonista, levando em conta os focos do protagonista e do antagonista;

3. jogos dramáticos criados pelo grupo em estado de espontaneidade/criatividade, inspirados na cena inicial e improvisações que cada integrante do grupo realiza, aproveitando a ressonância que a cena inicial produz.

É necessário ter uma cena original, escolhida pelo grupo, segundo o modelo de escolha sociométrica. Isto faz parte da possibilidade de o grupo participar espontânea e criativamente do processo de criação grupal. Uma vez trabalhada a cena protagônica, com todos os recursos próprios, o objetivo passa a ser possibilitar que o grupo se aproprie da cena, isto é, roube a cena do protagonista e a considere sua para poder jogar e improvisar dramaticamente a partir da cena original. Consoar e/ou ressoar com o grupo.

Na apresentação que fiz para a edição brasileira do livro *A multiplicação dramática*[15], relatei que via a multiplicação dramática como um *sharing* moreniano em ato. Todavia, hoje penso que são necessárias algumas distinções. *Sharing*, no seu sentido mais comum, é compartilhar com o protagonista sentimentos experimentados no aqui-e-agora da dramatização ou os momentos vividos e lembrados de sua própria vida (referencial histórico), ao passo que ressoar é criar sem necessidade de se referir a uma cena memorizada da sua história. Consoar, sendo a dramatização de uma cena de sua própria história pessoal, aproxima-se mais do *sharing* em ato. A multiplicação dramática produz linhas de desenvolvimento, histórias, e não uma única história centralizada; são várias histórias entretecidas. A história inicial do protagonista é tomada para produzir desbloqueios de intensidades e fluxos de sentidos e acontecimentos inesperados.

A multiplicação dramática aponta para uma concepção grupalista do comportamento humano normal e patológico. Grupalista no sentido de centrar a sua atenção nos vínculos e no "entre" dos elementos da cena. O caminho para tocar e desvelar o íntimo e as feridas dos outros não é indagando cada vez mais ao outro a respeito de

---

15. Kesselman e Pavlovsky, *opus cit.*, 1991, p. 10.

si próprio, mas, sim, projetando subjetivamente, consoando e ressoando com o outro e nos outros. Essas ressonâncias e consonâncias "são pedaços que completam como um quebra-cabeças a própria intimidade e vice-versa"[16]. Kesselman associa esta concepção à de Foulkles, de transindividualidade, de ressonâncias transpessoais, nas quais o íntimo do outro revela o íntimo de cada um.

O central do processo de cura é a realização de jogos espontâneos/criativos por parte dos elementos do grupo entre si e do terapeuta, que se agenciam entre si. Pavlovsky sente-se acompanhado por Winnicott ao afirmar que a psicoterapia está relacionada com a possibilidade e com a realização sobreposta de um ou vários jogos do terapeuta e dos pacientes. Jogar ou recuperar a capacidade de jogar é a meta. Não há cura sem criação e jogo. O jogo espontâneo criativo mútuo entre pacientes e terapeuta possibilita deixar de repetir os comportamentos paralisadores, isto é, capturados, da criação. Essa idéia está desenvolvida nos conceitos de matriz do criativo de Pavlovsky, zona transicional de Winnicott e, também, a meu ver, estados de espontaneidade de Moreno. Desenvolver ou recuperar a espontaneidade/criatividade e a tele é a linha-mestra do trabalho psicodramático. A multiplicação dramática se insere nesta linha.

O sentido da cura se dá no que os autores chamam de sinistro (*unheimliche*) — existe uma polêmica em relação à tradução deste termo: foi traduzido para o inglês por *uncanny*; para o português, foi traduzido como "estranho"; para o espanhol, como "sinistro". Chnaiderman[17] propõe que seja traduzido por "estranhamente familiar". Acredito que deva ser usada uma única palavra para a tradução, embora "estranhamente familiar" traduza melhor o conceito. Entre estranho e sinistro, penso que este último contém melhor as sensações de ameaça e de medo — do sinistro ao patético e ao lúdico. Sinistro é um conceito tomado de Freud[18] e de Pichon Rivière[19]. Trata-se daquilo que nos possui sem que possamos nos dar conta disso. O patético se dá com a percepção de que estamos presos e não conseguimos sair

---

16. Kesselman e Pavlovsky, *opus cit.*, 1991, p. 92.
17. Chnaiderman, M. *Ensaios de psicanálise e semiótica*. São Paulo, Escuta, 1989.
18. Freud, S. In: Freud, S. *Obras completas*. Rio de Janeiro, Imago, 1969, p. 273.
19. Pichon-Rivière, E. *El processo creador*. Buenos Aires, Nueva Vision, 1971.

dessa situação. O lúdico é o recurso da espontaneidade/criatividade para transformar o sinistro e o patético em prazer estético, isto é, em maravilhoso, exorcizando o sinistro e o patético[20].

No "como se" do contexto dramático concretiza-se um espaço lúdico oniróide, de desenvolvimento da espontaneidade/criatividade, entre o real e o imaginário, entre o mundo externo e o interno. Espaço poético, no qual o criador está totalmente absorto pela imagem criada, entrega-se à surpresa e ao insólito dos primeiros momentos e constata o sinistro. Aos poucos, refazendo-se do susto e passando da pura ficção para o reconhecimento de representatividade em relação a fatos da sua vida, desenvolve o prazer de criar e configurar determinada criação estética.

A multiplicação dramática está, portanto, situada dentro dessa perspectiva da criação de um dispositivo grupal que favoreça o agenciamento de estados de espontaneidade/criatividade do grupo. Os integrantes do grupo se atravessam com uma parte da cena original ligando-a a uma sensação — imagem ou idéia por intermédio de uma forma dramática. Além disso, existe tesão em dramatizar as cenas multiplicadas, o sabor da diversão desorientada e inesperada. Por se dar em grupo e agenciar os componentes do grupo, o estado de espontaneidade tem a singularidade de provocar um rompimento da visão monocular narcísica, isto é, o mito fundante do eu, histórias que todas as pessoas contam a respeito de si mesmas, de sua origem; é a sua matriz de identidade. Compartilhar estados de espontaneidade/criatividade e deixar-se atravessar pelos estados dos outros é um caminho para esse necessário rompimento narcísico[21].

O estado de espontaneidade/criatividade é o ponto central para Moreno, bem como para o conceito de multiplicação dramática. Grande parte dos textos de Pavlovsky a respeito deste último conceito é direcionada para a caracterização do que seja tal estado de espontaneidade, qual o processo que o desencadeia e quais os seus efeitos terapêuticos. Utilizando-se de sua própria experiência de ator e de escritor de peças teatrais para se aproximar desta discussão, formula conceitos sobre a matriz do processo criativo, do sentido terapêuti-

---

20. Pavlovsky, E. *opus cit.*, 1980, p. 67.
21. *Idem*, p. 65.

co da criação estética e dos diversos climas que acompanham tal processo. Reconhecer estados de espontaneidade/criatividade, desenvolvê-los e compreender o seu processo e sua radicalidade são pontos ressaltados por vários conceitos, oriundos desta prática transdisciplinar.

Paralelamente a isto, Pavlovsky junta-se aos filósofos da desconstrução, da multiplicidade, aos críticos da psicanálise e do estruturalismo mais ortodoxo (Deleuze e Guattari) porque a psicanálise não alcança essa dimensão do efeito curador da criatividade e, mais do que não alcançar, ao interpretá-la, faz um gesto obsceno de violência e de esterilização da criação. O estado de espontaneidade não é para ser interpretado edipianamente, mas para ser alcançado e fluido, permitindo que se produzam sentidos[22].

Pavlovsky e Kesselman trabalharam originalmente com grupos experimentais, nos quais a multiplicação dramática ou é o único enfoque ou é o predominante. Esses autores relatam também o uso da multiplicação dramática em grupos de análise didática, com a finalidade de ensino[23]. Na literatura existem outros autores que relatam o uso da multiplicação dramática.

Smolovich apresenta um grupo experimental de multiplicação dramática com profissionais "psi" e relata algumas variações do seu uso dentro de um ponto de vista da psicanálise, aplicadas aos grupos, e indica que ela se aplica a grupos de formação, terapêuticos autogestivos e institucionais[24].

Susana de Kesselman, trabalhando com corpodrama, inclui o referencial da multiplicação dramática e assinala que ela se aplica a grupos de formação e de psicoterapia[25].

Na literatura encontram-se relatos pormenorizados da aplicação da multiplicação dramática a grupos experimentais destinados à sua própria pesquisa e, com menor freqüência, da aplicação em grupos de análise didática. Embora exista indicação de outras aplicações, elas não são descritas ou detalhadas.

---

22. Kesselman e Pavlovsky, *opus cit.*, 1991, p. 57.
23. *Idem, Clínica grupal.* Buenos Aires, Busqueda, 1980.
24. Smolovich, R. *in*: Pavlovsky, E. *Lo Grupal.* 1985, pp. 73-91.
25. Kesselman e Kesselman. *Corpodrama.* RAPTF, 2, pp. 43-5.

Pessoalmente, tenho trabalhado com a multiplicação dramática em grupos processuais ou em atos únicos, não como referencial único de pesquisa, mas aplicando a multiplicação dramática a algumas situações dos referidos grupos. Os grupos são destinados à psicoterapia, ao ensino e à supervisão de psicodrama e de coordenadores grupais, e a diversas intervenções institucionais. Aplico a multiplicação dramática a partir de um ponto de vista do psicodrama. Conservo a estrutura processual do psicodrama de aquecimento, dramatização e *sharing*. A multiplicação dramática não substitui o *sharing*, mas o prepara e o permite.

Penso que a multiplicação dramática está particularmente indicada nas situações em que o dispositivo grupal, incluindo o terapeuta, permanece capturado e imobilizado.

Quanto às indicações clínicas da multiplicação dramática: a) não considero que a multiplicação dramática possa constituir-se, enquanto técnica seqüencial, o único procedimento grupal psicoterápico. Creio ser necessário utilizar outros procedimentos que se centram na produção do protagonista para complementar a abordagem psicoterápica; b) um dos indicadores de quando passar a multiplicar é o próprio protagonista quem dá; se ele está interessado em produzir novas versões a respeito de si mesmo, continua a produção centrada nele; se não, passa a multiplicar (ego sintônico e distônico). Talvez nas caracteriopatias, nas doenças psicossomáticas e em todas as patologias em que predomina o mecanismo de defesa do tipo da recusa (*verleugnung*), a multiplicação dramática possa ser muito utilizada; c) nos grupos com maior componente sociodramático, a multiplicação dramática está mais indicada. Um caso particular de sociodrama que merece ser indicado seria a psicoterapia familiar; aliás, na literatura moreniana podemos considerar o caso Adolf Hitler como a primeira multiplicação dramática realizada[26].

Em síntese, o conceito de multiplicação dramática formulado

---

26. "'Psicodrama de Adolf Hitler' um paradigma do psicodrama e a sua relação com a multiplicação dramática", artigo escrito por mim sobre um paciente tratado por Moreno, durante a Segunda Guerra Mundial, publicado na *Revista Brasileira de Psicodrama* vol. 5(1), em 1997, em que localizo uma maneira de trabalhar que obedece à estrutura da multiplicação dramática.

claramente em 1987 está sendo desenvolvido nos últimos anos. Embora tenha se originado de experiências relativas ao ensino de coordenadores grupais e de psicodramatistas, também vem sendo aplicado a diversos outros processos grupais. É uma maneira de conceber o dispositivo grupal como uma máquina de produção de sentidos e também um tipo de trabalho seqüencial grupal. Conceitualmente, está na intersecção do psicodrama com teatro, psicanálise, semiótica e esquizoanálise. Filosoficamente, ligado à multiplicidade. O sentido terapêutico desse instrumento conceitual operativo está ligado a: 1) capacidade de violentar o narcisismo monocular; 2) prazer estético da criação coletiva grupal; 3) possibilidade de tocar o íntimo do outro por meio de ressonâncias próprias; e 4) sua possibilidade de revelar o sinistro e mobilizar o patético, chegando ao lúdico.

REFERÊNCIAS BIBLIOGRÁFICAS

ALMEIDA, W. *Psicoterapia aberta. Formas do encontro.* 1ª ed. São Paulo, Ágora, 1982.

CHNAIDERMAN, M. *Ensaios de psicanálise e semiótica.* 1ª ed. São Paulo, Escuta, 1989.

ECO, H. *Obra aberta.* 8ª ed. São Paulo, Perspectiva, 1991.

FREUD, S. O "estranho". (1919). *In*: FREUD, S. Edição standard brasileira das *Obras psicológicas completas* de Sigmund Freud. 1ª ed. Rio de Janeiro, Imago, 1969.

KESSELMAN, H; PAVLOVSKY, E. *Clínica grupal 2.* 1ª ed. Buenos Aires, Busqueda, 1980.

_____. *A multiplicação dramática.* 1ª ed. São Paulo, Hucitec, 1991.

KESSELMAN, H.; PAVLOVSKY, E.; FRYDLEWSKY, L. La obra abierta de Umberto Eco y la multiplicación dramatica, *In*: PAVLOVSKY, E.; KESSELMAN, H.; BAREMBLITT, G. *et al. Lo grupal.* 1ª ed. Buenos Aires, Busqueda,1987, pp. 17-28.

KESSELMAN, H.; KESSELMAN, S. *Corpodrama.* RAPTG, 2, 1987, pp. 43-5.

MASCARENHAS, P. Multiplicação dramática, uma poética do psicodrama. Tese não publicada de credenciamento para professor/supervisor. SOPSP/Febrap, 1995.

PAVLOVSKY, E. *Clínica grupal.*1ª ed. Buenos Aires, Busqueda, 1974.

_____. *Espacios y criatividad.* 1ª ed. Buenos Aires, Busqueda, 1980.

_____. *Processo criador. Terapia y existencia.* 1ª ed. Buenos Aires, Busqueda, 1981.

PAVLOVSKY, E.; KESSELMAN, H.; FRYDLEWSKY, L. *Las escenas temidas del coordinador de grupos.* 1ª ed. Madri, Fundamentos, 1978.

PICHON-RIVIERE, E. *El processo creador.* 1ª ed. Buenos Aires, Nueva Visión, 1971.

SMOLOVICH, R. Apuntes sobre multiplicación dramatica. *In*: PAVLOVSKY. *Lo Grupal.* 1ª ed. Buenos Aires, Busqueda, 1985, pp. 73-91.

9

O processamento em psicodrama

Moysés Aguiar*
Miriam Tassinari**

O termo processamento foi incorporado com acepções variadas ao linguajar cotidiano dos profissionais de psicodrama. Existe pouca coisa escrita a respeito[1], estando ainda incipiente o processo de discussão, em busca de um mínimo de pontos convergentes quanto ao seu significado. Para alcançar esse objetivo, deveria ser feito um cuidadoso balanço das situações e das formas como ele é empregado, tratando inclusive de criar novos nomes para procedimentos distintos que estejam, eventualmente, sendo nomeados com o mesmo rótulo.

Enquanto não se alcança essa maturidade teórica, vão se acumulando, naturalmente, muitos desencontros de opiniões e de práticas. Cada profissional encara a tarefa com diferentes dúvidas e certezas, tanto no que diz respeito à sua natureza quanto às correspondentes articulações conceituais.

Nosso propósito é, neste texto, tentar organizar um pouco as idéias, de modo que se possa, na seqüência, avançar um pouco mais

---

* Psicólogo, psicoterapeuta e socioterapeuta com especialização em psicologia da arte e em psicodrama. Dirige a Companhia de Teatro Espontâneo. Autor e organizador de vários livros, dentre eles o *Teatro espontâneo e psicodrama*, da Ágora.
** Psicodramatista, professora-supervisora no Instituto de Psicodrama de Campinas e na Companhia do Teatro Espontâneo.
1. V. Kellermann, P. F. *O psicodrama em foco*. São Paulo, Ágora, 1998.

na compreensão dos procedimentos hoje abrigados sob o mesmo teto[2].

Gostaríamos de ressaltar, aliás, que partilhamos inteiramente da mesma aflição que a dos nossos colegas. Na nossa experiência docente, temos procurado ensinar o psicodrama utilizando vivências como a principal ferramenta, sejam elas dirigidas por professores, sejam por alunos. Na seqüência de cada uma, promovemos uma discussão técnico-teórica a respeito do que aconteceu. O debate toma, em geral, como ponto de partida as perguntas e as observações feitas pelos próprios alunos, que se interessam por compreender o que foi feito, mormente do ponto de vista das técnicas de direção e, em escala menor, da atuação cênica dos atores, inclusive do protagonista, e da dinâmica do grupo. Seria isso, em rigor, um processamento? Se não, o que é então?

PROCESSAMENTO E COMPARTILHAMENTO

Para iniciar, é fundamental diferenciar processamento de compartilhamento.

Mesmo o compartilhamento (*sharing*), classicamente a terceira etapa da sessão de psicodrama[3], não alcança unanimidade na sua caracterização. A grande dúvida é quanto ao tipo de comentários que se espera dos participantes, quando se encerra a dramatização e a eles se concede a palavra.

A lição de Bustos, em seu livro clássico, *Psicoterapia psicodramática*[4], é de que a essa fase se reserva o depoimento a respeito das repercussões emocionais da encenação que se acabou de concluir, sob a forma quer de descrições diretas de sentimentos, quer de reminiscências pessoais e fantasias suscitadas.

---

2. Publicamos originalmente este trabalho na *Revista Brasileira de Psicodrama*, e, depois, foi incluído parcialmente reformulado, no livro *Teatro espontâneo e psicodrama* de Moysés Aguiar (São Paulo, Ágora, 1998). Na presente versão, o texto sofreu alterações mais profundas, com o objetivo de tornar mais claras suas propostas.
3. Neste trabalho estamos utilizando o psicodrama como paradigma de todas as práticas socionômicas. Contudo, em livro recente, Aguiar, M. (*op. cit.*, 1998) propõe como categoria geral o teatro espontâneo, sendo o psicodrama, o sociodrama e o axiodrama aplicações terapêuticas particulares.
4. Bustos, D. M. *Psicoterapia psicodramática*. São Paulo, Brasiliense, 1979.

Há, no entanto, outra tradição na prática psicoterapêutica, que é a de identificar aspectos da personalidade ou da dinâmica comportamental do paciente/protagonista, "externa" ou "interna", comunicando-se a ele tais observações, com a evidente expectativa de que, delas tomando conhecimento, ele se sinta esclarecido e encorajado a modificar-se.

Quando o diretor de psicodrama recorre a esse tipo de intervenção, propicia aos demais integrantes do grupo um modelo de participação, autorizando-os, de certa forma, a adotar idêntica perspectiva.

Algo semelhante acontece na prática psicodramática em que se utiliza o referencial psicanalítico, quando as interpretações ou as pontuações do diretor induzem à utilização desse mesmo recurso pelos demais membros do grupo.

Já o diretor que valoriza a exteriorização de conteúdos emocionais pauta suas intervenções por esse critério e acaba modelando esse caminho como o que deveria ser percorrido. Enseja, dessa forma, que se busquem as correlações possíveis entre a cena do protagonista e a experiência de cada um, seja na vida pessoal, seja em outros aspectos da vida de relações, a partir das emoções vivenciadas durante a dramatização.

Nesse caso, pode tornar-se até dispensável que o diretor, à guisa de fechamento, teça comentários que sintetizem o ocorrido ou demonstrem o seu significado, o que proporcionaria uma ampliação da experiência para o plano cognitivo. É verdade que esse tipo de intervenção pode, em algumas circunstâncias, ser pertinente, chegando no geral a constituir até mesmo uma reivindicação do próprio grupo.

Partindo desse pressuposto, ainda que considerando a variedade de conceitos, fica mais fácil estabelecer as distinções entre processamento e compartilhamento.

Em primeiro lugar, suas finalidades são diferentes.

O compartilhamento é parte integrante da sessão propriamente dita, caracterizado como o momento em que a experiência individual do protagonista, em cena, é grupalizada, permitindo a volta do protagonista ao contexto grupal sem que continue desnudado como estava no contexto dramático.

Visa, pois, a uma complementação do trabalho, proporcionando a todos a oportunidade de explicitar o seu quinhão na experiência que se está vivendo.

Já o processamento se dá fora do âmbito da sessão.

Na sua versão informal, ele acontece quando os profissionais que integram a unidade funcional discutem entre si o desenrolar da sessão, trocando idéias sobre aspectos significativos e buscando compreender, *a posteriori*, os sentidos dos fatos ocorridos.

De alguma maneira, podemos dizer que o processamento também acontece quando o diretor que trabalha sem equipe — ou qualquer membro dela solitariamente — medita sobre o que ocorreu numa sessão e/ou troca idéias com colegas a respeito. Essa reflexão proporcionaria, em tese, aos profissionais que atuaram, uma oportunidade de crescimento. Ela é o pressuposto, por exemplo, da supervisão.

O processamento adquire um caráter didático bem específico quando a discussão processante inclui o grupo que participou da sessão, sempre que o grupo seja integrado por alunos ou por gente da área que quer explorar o acontecido como uma forma de desenvolvimento profissional. E é isso que em algumas situações acaba proporcionando confusões, como se o processamento fosse uma quarta etapa, obrigatória, da própria sessão.

A natureza do que se discute no compartilhamento e no processamento também é radicalmente diferente. No compartilhamento, fala-se a partir das vísceras; no processamento, a partir do cérebro. Ou seja, enquanto a terceira fase da sessão representa uma ampliação da vivência afetiva, condicionando encontros, o processamento requer um distanciamento, na linha racional, descritiva, reflexiva, explicativa.

O interlocutor, no compartilhamento, é o protagonista: é a ele que se dirigem todas as falas. Já no processamento, fala-se com o grupo todo, embora sempre reste a alternativa de particularizar o endereço ora ao diretor, ora ao protagonista, ora a qualquer elemento em especial. É indispensável garantir, entretanto, a construção coletiva do conhecimento.

RITO DE PASSAGEM

Para facilitar uma melhor discriminação das duas propostas, que propicie um aquecimento específico para distintas tarefas, pode ser conveniente ritualizar a passagem da fase de compartilhamento para a do processamento. Quando este é feito subseqüentemente à sessão, pode-se fazer um intervalo, uma mudança de sala ou, ainda, passar de um círculo informal para uma mesa de reuniões. A mudança de *setting* pode ser útil mesmo quando se designa um horário específico, depois de algum tempo, após o término da sessão.

PROCESSAMENTO E PROCESSAMENTO

Até agora, tomamos como pressuposto que se está discutindo o processamento de eventos psicodramáticos. Nesse caso, o objeto é o próprio psicodrama. A finalidade é compreendê-lo, aperfeiçoá-lo, fazê-lo melhor. E, dentro dessa perspectiva, é possível também processar em conjunto uma seqüência de sessões.

Mas há uma abordagem, que é a utilização dos instrumentos conceituais do psicodrama para compreender um evento qualquer, ainda que não necessariamente sessões de teatro espontâneo, *lato sensu*.

Como exemplos dessa hipótese, temos o processamento de um congresso, de uma reunião, de um encontro, de um debate.

O pressuposto, nesse caso, é o de que há um processo grupal, em termos sociodinâmicos, de jogo de papéis, de vinculação com a tarefa formal, de papéis e de projetos dramáticos, e assim por diante, cujo entendimento pode ser facilitado se se utilizarem os caminhos de raciocínio sugeridos pela teoria psicodramática.

Uma das estratégias do processamento é iniciar com um relatório factual, em que se descreve a seqüência dos acontecimentos. O próprio relato, em si, já constitui uma primeira compreensão, dado que quando pretendemos descrever os fatos, tal como aconteceram, estamos, em rigor, selecionando e organizando os detalhes de acordo com algum critério, explícito ou não. A pretensa imparcialidade da crônica pode constituir-se, por isso mesmo, matriz de confusão e de desencontros — que o digam os secretários que redigem atas.

Outra forma engenhosa de ler o fenômeno é a utilização de critérios qualitativos, como o gostar e o não gostar, listar aspectos de um evento por ordem de relevância, destacar pontos significativos, levantar o que deve ser repetido e o que deve ser evitado, assim como todo o repertório de tarefas que incluam algum nível de julgamento do fato que está na berlinda.

No processamento de que falamos, entretanto, o objetivo não se limita a restabelecer os fatos, tampouco julgá-los. É muito mais pretensioso do que isso, pois busca compreendê-los mais profundamente.

AS FORMAS DE PROCESSAMENTO

Na busca de alternativas para essa compreensão mais profunda, elencamos alguns ângulos por intermédio dos quais uma sessão psicodramática pode ser abordada. Essa listagem não pode e não deve ser tomada nem como exaustiva nem como definitiva; seu mérito pretendido é o de abrir a discussão.

Baseamo-nos no pressuposto de que, para proceder a um processamento, devemos restabelecer a trajetória do evento em questão, procurando sistematicamente estabelecer um *sentido*, aliás, melhor, *alguns sentidos*, para tudo o que ocorreu. Essa trajetória pode basear-se em alguns critérios de leitura dos fatos, adotados consciente e claramente, desde o início do trabalho, para facilitar o fluxo do raciocínio.

Estabelecemos as seguintes possibilidades. Processar por intermédio:

- da atuação do diretor;
- da atuação dos auxiliares[5];
- da unidade funcional;
- do protagonista;

---

5. Designamos "auxiliares" o que tradicionalmente se tem nomeado como "egos-auxiliares" ou, na linguagem falada, apenas "egos". A justificativa para essa opção pode ser encontrada em Aguiar, M. (1998), *op. cit.*

- da temática;
- da sociodinâmica grupal; e
- da teoria.

Essas alternativas não se aplicariam, evidentemente, ao processamento de outros eventos que não as sessões psicodramáticas, para as quais ainda se exige uma reflexão mais específica.

A ATUAÇÃO DO DIRETOR

Desde o início de um trabalho, o diretor, no exercício do seu papel, adota procedimentos que respondem à percepção que tem do que está acontecendo no momento.

Constituem tais procedimentos as instruções[6], o emprego de recursos técnicos, os comentários, as entrevistas com atores e personagens etc.

Como tais intervenções visam garantir a consecução dos objetivos do grupo e, em particular, do evento em questão, sendo portanto geradas no próprio momento, sua trajetória pode constituir um eixo para a compreensão de tudo o que aconteceu.

Para tanto, deve-se identificar, em cada passo da sessão considerado:

- a compreensão que o diretor teve da necessidade do momento em que a intervenção foi feita, incluindo percepções, sensações, fantasias, dúvidas, conflitos, titubeios; as observações que fez relativas aos desencadeantes grupais; as observações quanto ao comportamento do protagonista e dos demais atores em cena, quando for o caso;
- compreensões alternativas dessa mesma necessidade, tanto por parte do restante do grupo quanto até mesmo do próprio diretor;

---

6. O termo "instruções" é utilizado em vez de "consignas", tendo em vista que esta palavra não faz parte do vernáculo português e possui um correspondente adequado, o que dispensa o estrangeirismo.

- em função da necessidade considerada, as alternativas de intervenção ocorridas ao diretor, além da escolhida, e os critérios que determinaram a escolha feita;
- alternativas levantadas pelos demais membros do grupo e as escolhas que teriam feito se eventualmente estivessem dirigindo a sessão;
- as peculiaridades da forma como o diretor fez uso de recursos técnicos universais no âmbito do teatro espontâneo e, mais especificamente, do psicodrama;
- os objetivos da intervenção;
- as conseqüências da intervenção e o surgimento de nova necessidade.

Ainda mais rica ficará a compreensão se se levar em conta a metacomunicação estabelecida entre o diretor e a platéia, entre o diretor e os auxiliares, entre o diretor e o protagonista.

A ATUAÇÃO DOS ATORES AUXILIARES

Para esta alternativa de processamento, podem-se considerar tanto os auxiliares profissionais, integrantes da unidade funcional, como os que se constituíram *ad hoc*, ou seja, os membros do grupo que participaram da dramatização, seja por moto próprio seja por solicitação do diretor ou do protagonista.

A discussão tem como parâmetros, em linhas gerais, os acima mencionados para o processamento por intermédio do diretor.

Isso porque, principalmente no caso de os auxiliares terem eles próprios a iniciativa de ingressar no palco, é importante esclarecer que as necessidades foram detectadas e motivaram a intervenção, a quais objetivos se propuseram e as conseqüências dessa atuação.

Da mesma maneira que no caso do diretor, vale a pena considerar as hipóteses alternativas que foram levantadas tanto pelo próprio auxiliar quanto pelos demais participantes.

No caso de membros da platéia convocados a participar como atores, pode-se investigar como entenderam a tarefa que lhes foi atribuída e como puderam superar eventual desaquecimento, se não estavam preparados para entrar naquele papel, naquele momento.

Da mesma forma, quando o papel atribuído não é considerado pelo próprio auxiliar um papel "bem desenvolvido", quais os recursos utilizados, em benefício do projeto dramático global, para superar essa "deficiência".

Mas o principal benefício da discussão da sessão, por meio da participação dos auxiliares, advém da compreensão das estruturas papel-contrapapel, evidenciadas na interação entre a personagem protagônica e as demais personagens. Ou seja, há complementaridades que não se materializam e outras que, pelo contrário, "pegam" e acabam definindo os rumos da dramatização.

Há um aspecto do processamento por meio dos auxiliares (de resto válido também para o processamento via diretor), que é a aprendizagem a partir de "erros" [7] cometidos.

Não adianta querer tapar o sol com a peneira: é inevitável, na hora de processar, o levantamento de restrições à atuação tanto do diretor quanto dos auxiliares. Com certa freqüência, tais restrições costumam referir-se a procedimentos tidos como equivocados e ao próprio estilo de atuação do profissional (direção permissiva ou restritiva, auxiliar que superatua ou fica amarrado às instruções restritas do diretor etc.).

A discussão dessas restrições é altamente pedagógica, na medida em que cria oportunidade para um aprofundamento do conhecimento tanto das técnicas clássicas quanto dos macetes que vão sendo incorporados ao cotidiano do teatrólogo espontâneo, do psicodramatista.

---

7. Em nossa concepção, não há, em rigor, erros. A categorização em certo e errado pode comprometer, liminarmente, o processo criativo. O que há é uma experiência acumulada que indica caminhos relativamente mais fáceis e mais eficientes para chegar a determinados objetivos. Por essa perspectiva, há procedimentos que tendem a dar mais ou menos certo, e é nessa avaliação que se podem encontrar os mais e os menos desejáveis.

ENFOCANDO A UNIDADE FUNCIONAL

Esse processamento só é possível, evidentemente, quando a direção do evento está a cargo de uma equipe, ainda que seja composta de apenas duas pessoas, o diretor e um auxiliar.

É possível, nesse caso, verificar, primeiro, que passos preliminares foram adotados pela equipe, antes do início da sessão: como se aqueceram, o que imaginaram que poderiam fazer, como definiram a distribuição de papéis entre si, as formas de comunicação, e assim por diante.

Em seguida, pode-se indagar o quanto dessas coisas que foram conversadas previamente se confirmou na prática da sessão, as dificuldades que encontraram e suas prováveis explicações. Pode-se avaliar as intervenções que foram feitas, no sentido de tornar claro o quanto elas representaram a concretização de desejos e diretrizes isoladas do membro da equipe que as realizou e, por outro lado, o quanto elas foram consistentes com os propósitos da equipe como um todo.

As divergências de orientação eventualmente constatadas devem ser objeto de exame, para ampliar a sua compreensão e do impacto que podem ter causado no andamento dos trabalhos. Os aspectos comunicacionais, principalmente, devem merecer especial atenção nesse momento.

É a oportunidade de tentar rascunhar novos parâmetros de relacionamento entre os membros da equipe, como forma de incrementar o acervo técnico da gestão dos eventos psicodramáticos e melhorar o desempenho futuro.

A participação do grupo todo nessa discussão é uma excelente oportunidade de aprendizado para ambas as partes, para a equipe técnica e para os outros integrantes do grupo, pelos esclarecimentos que podem ser obtidos na análise conjunta das intenções explícitas e implícitas que nortearam as intervenções técnicas e a forma como foram recebidas pelo outro lado.

PROCESSAR PELO PROTAGONISTA

Quando se fala em protagonista, é preciso ter clara a referência conceitual em que esse termo é utilizado. Em rigor, o protagonista é a personagem central da história que se dramatiza. Ele só existe, portanto, no contexto dramático, e sua identidade se constitui das relações que estabelece com as demais personagens e com o texto que constitui. Não deveria, portanto, ser confundido com a pessoa do ator que desempenha essa personagem.

Como no psicodrama terapêutico o mais comum é que a personagem seja construída a partir da história pessoal do ator que o desempenha, a tendência é, nesse caso, que ambos se fundam e confundam.

Essa dissociação/integração constitui um ângulo importante de observação, se for levada em conta no momento de processar.

A investigação do desempenho do protagonista (seja ele tomado como a personagem, como o ator, como a fusão dos dois), com o ser dos processamentos mais usuais, é a que mais permite evidenciar as diferentes linhas teóricas dentro do psicodrama.

É relativa a esse enfoque a pergunta que se costuma ouvir com certa regularidade: "Você processa pelo núcleo do eu, pela matriz de identidade, pela psicanálise ou pela sociometria?".

Em qualquer das orientações, entretanto, o que se pretende é compreender o evento psicodramático como tal, tomando-se o protagonista como eixo e fazendo-se, no momento oportuno, as devidas extrapolações.

Para reconstituir a trajetória do protagonista, é preciso buscá-lo não apenas no momento da encenação, quando ele efetivamente ganha concretude, mas desde o início dos trabalhos. E aí se pode observar: 1) a personagem protagônica, que se insinua nas diversas intercorrências do período de aquecimento; 2) o ator protagônico, o que virá a desempenhar a personagem, na forma como emerge tal qual o procurador do grupo para conduzir a construção da história coletiva.

Para alguns psicodramatistas, esse início se dá quando o diretor abre oficialmente a sessão; para outros, retrocede até mesmo ao contexto social, correlacionando-se o que aconteceu fora da sala com o que veio a ocorrer dentro dela.

A seqüência dos fatos é extremamente relevante, devendo-se atentar, com cuidado, para as articulações entre a conduta do ator/protagonista nas três fases protagônicas (pré-emergente, emergente e protagonista), e a dos demais membros do grupo, tanto nas manifestações verbais quanto nas outras formas de comunicação.

A análise do que aconteceu com o protagonista em cena permite compreender não apenas o comportamento dito individual ou "intrapsíquico"[8] do ator, mas principalmente as correlações entre sua atuação enquanto ator e enquanto personagem, no contexto dramático, e os fatos correspondentes nos contextos grupal e social.

Para que se alcance essa compreensão, é indispensável que se leve em conta que a linguagem da dramatização é sempre analógica, ou seja, que a estrutura da cena e das interações entre as diferentes personagens é capaz de retratar o que ocorre nas relações do ator/protagonista em seu átomo social.

E, na medida em que ele, holograficamente, representa o grupo, essas estruturas refletem também as relações que ocorrem no interior deste.

O TEMA COMO FOCO

O tema de uma sessão tanto pode ser predeterminado como surgir no decorrer do trabalho.

No caso do tema predeterminado, o processamento buscará compreender a maneira como o grupo se apropriou do tema. Sabe-se que, para um trabalho tematizado, não é suficiente que haja uma divulgação prévia e que os participantes estejam sabendo dele. Tampouco basta que os líderes se empenhem em não permitir que ocorram desvios, ou que o conteúdo explícito a ele se refira.

Há uma trajetória a ser percorrida, desde o aquecimento (ainda que não formalizado tecnicamente), passando pela discussão — verbal ou dramática — do tema proposto e caminhando na direção de um fechamento, que implica ou não a formalização de conclusões.

Tratando-se de tema emergente, a situação pode afigurar-se ainda mais complexa, pois ganha relevância identificá-lo e detectar como ele surgiu e como se impôs.

---

8. As aspas, aqui, apontam para a imprecisão do termo.

Há, pois, que se verificar como o tema em si foi sendo desenvolvido: um estado inicial caótico, um clareamento gradativo de conceitos, o surgimento das divergências, as informações transformadoras, e quantos outros fenômenos que permitam traçar a trajetória do conhecimento adquirido.

Outro ângulo privilegiado de observação é a relação do grupo com o tema, ou seja, o impacto que o tema provoca na dinâmica grupal, o que inclui, necessariamente, um mapeamento sociométrico, tanto a nível das forças de atração e repulsão quanto dos fenômenos da metacomunicação.

Temos aí delineadas duas vertentes. O tema propriamente dito e as relações interpessoais a pretexto do tema: o processamento pode ser valioso se se consegue combinar as duas.

A SOCIODINÂMICA

Finalmente, outro aspecto que pode ser considerado é como funcionou o grupo, em termos sociodinâmicos. Talvez seja redundante falar desse enfoque, uma vez que os anteriores, de alguma forma, conduzem a apreciações dessa ordem.

Mas há algumas especificidades que podem ser consideradas, ainda que não constituam um jeito de ver que exclua os demais ou não possa estar com eles combinados.

Uma dessas especificidades são as configurações sociométricas: um olhar cuidadoso sobre o grupo pode demonstrar que, ao longo de um trabalho, as forças de atração e repulsão vão se organizando de maneira diferente.

No início, haveria, provavelmente, uma dispersividade maior, formando-se núcleos isolados entre si, catalisados por critérios que, à primeira vista, poderiam parecer até mesmo casuais. Na medida em que se fosse procedendo ao aquecimento, essas forças iriam reorganizando-se, novos critérios entrariam em jogo, propiciando uma diminuição no número de núcleos em aparente isolamento.

E esse processo continuaria, o tempo todo, inclusive em relação ao protagonista — a estrela do momento — com quem se observariam flutuações nas escolhas, tanto em relação à valência quanto à intensidade.

Outro enfoque, ainda dentro da perspectiva sociodinâmica, é a articulação entre os contextos dramático, grupal e social. A hipótese de trabalho do teatro espontâneo é que o que acontece no contexto grupal se reflete na escolha do protagonista e que o que este apresenta em sua encenação revela o que vai com o grupo.

É evidente que não se trata aqui de um somatório, ou seja, que cada um dos membros do grupo apresenta o mesmo sentimento ou o mesmo conflito; o que ocorre é que o grupo como um todo vive determinado conflito (embora nem todos tenham consciência disso e os sentimentos individuais apresentem variações infinitas) e esse conflito é, analogicamente, descrito pela cena. Só que a hipótese psicodramática vai mais longe, porque entende que o que ocorre no grupo apenas reflete o que anda pelo contexto social. Esse entendimento holográfico pode ser objeto de reflexão conjunta por ocasião do processamento, buscando-se obter uma visão racional dessas articulações.

A multiplicidade de facetas da sociodinâmica permite, ainda, observar o processo do grupo pelo ângulo dos papéis.

Desnecessário frisar que não se trata, nesse caso, só dos papéis formais, embora uma discussão até mesmo possa começar por eles: como evoluiu, desde o início da sessão (ou do evento), a articulação entre os diferentes papéis relativos ao projeto explícito: no caso do psicodrama, entre os profissionais da equipe, entre diretor e protagonista, entre este e os demais participantes etc.

Paralelamente a esses papéis, existem outros não-oficiais, informais, que dão conta da dinâmica íntima do grupo e podem ser evidenciados e discutidos, podendo, em muitos casos, ser mais relevante entender esse tipo de trama: o subtexto pode ser mais importante do que o próprio texto.

Finalmente, pode-se lançar sobre a vida do grupo uma visão histórica, captando seus movimentos macro, que abrangem períodos mais amplos, procurando entendê-los de tal forma que o momento atual adquira um sentido, difícil de ser percebido quando não se ampliam os horizontes da reflexão. Nesse caso, uma discussão que inclua uma seqüência de sessões, por exemplo, pode ser mais rica do que a análise de uma única sessão.

Esse tipo de processamento sociodinâmico responde à necessidade de encarar a realidade como um todo, de tal modo articulado, que o sentido de uma parte só pode ser apreendido quando se considera a globalidade, da mesma forma que a extrapolação do sentido de uma parte pode iluminar o sentido da totalidade.

PROCESSAMENTO TEÓRICO

O processamento teórico consiste na discussão da sessão sob o ângulo das abstrações passíveis de serem feitas com base nos acontecimentos.

Uma das possibilidades é identificar fenômenos cuja descrição faça parte do acervo teórico já registrado na bibliografia psicodramática. Essa tentativa enseja uma discussão mais aprofundada em torno dos conceitos já consagrados e das acepções em que são referidos, possibilitando um clareamento maior do seu significado.

A disciplina do pensamento, a busca da congruência, o respeito aos parâmetros epistemológicos e a precisão conceitual são aspectos do fazer teórico que podem ser exercitados pelos participantes do debate.

Essa discussão possibilita, por outro lado, o exercício de construção da própria teoria. Podem ser identificadas algumas discriminações ainda não codificadas, fenômenos ainda não batizados, imprecisões que poderiam ser corrigidas, generalizações e particularizações, correlações, e assim por diante.

Esse esforço é particularmente saudável porque permite constatar, na prática, o que significa fazer teoria, para muitos um bicho-de-sete-cabeças que só as mentes privilegiadas conseguiriam domar. Permite verificar empiricamente o que é fazer uma reflexão sobre a prática e, por que, isso é como teorizar.

Por outro lado, serve para desmistificar o sentido da teoria já estabelecida, rompendo com a tendência a considerá-la um sistema de verdades imutáveis que, quanto mais respostas convincentes forneça, mais digno de crédito se torne. A reverência pelo já escrito e conservado deve ceder lugar à ousadia de pensar com a própria cabeça.

Possibilita, ainda, abrir os horizontes para estabelecer as conexões do sistema teórico do psicodrama com os outros sistemas que tentam organizar os fatos que se situam na fronteira entre o território delimitado pelo teatro espontâneo e os delimitados por outras propostas de intervenção, investigação e mudança.

A decantada dissociação entre teoria e prática também poderia ser superada, na medida em que o pensar sobre a prática permita estabelecer algumas formulações generalizadoras que serviriam como guia para a compreensão de outros eventos, em outras situações.

CONCLUSÃO

Esse panorama das múltiplas possibilidades de processamento tem como limite a experiência profissional no qual se baseia, restrita ao espaço onde o autor circula, às suas vinculações sociométricas, ao que sabe, pode e quer fazer, ao que a sua mente consegue alcançar. É indiscutível que a experiência de outros colegas, pouco ou muito diferente da sua, pode acrescentar muita coisa interessante e relevante a esse quadro, enriquecendo-o e ampliando-o.

Além disso, como o processamento também pode ser entendido como o restabelecer a trajetória de qualquer evento que não uma sessão de psicodrama ou equivalente, utilizando como instrumento conceitual a teoria socionômica, haveria necessidade de adequar os caminhos descritos para torná-los aplicáveis a essa nova situação. Essa tarefa fica em aberto para ser realizada noutra ocasião e para estimular as reflexões do leitor.

PARTE III

10

Terapia tematizada grupal por tempo limitado

Miguel Perez Navarro e co-autores*

O REPENSAR E REFLEXÕES SOBRE A NOSSA PRÁTICA

No início da década de 90, 12 profissionais da área de Saúde Mental reuniram-se, constituindo um grupo de estudos que recebeu o nome de *Núcleo da Psique*. Baseados nas suas experiências clínicas e atuações psicoterápicas, consideraram a necessidade de refletir e estudar fenômenos que rapidamente se sucediam, levando em conta mudanças ocorridas no cenário mundial, quer por descobertas científicas, quer por alterações econômicas ou sociais.

As mudanças referidas dizem respeito ao final da década de 50 e da de 60, com a descoberta dos anticoncepcionais, a invenção do *chip* de computador, fatos que foram responsáveis por uma revolução vertiginosa, tanto nos aspectos sociais (ético e moral) como no aspecto tecnológico. Essa velocidade incrível de descobertas e invenções tornou obsoletos aparelhos, teorias, técnicas, medicamentos etc.

Com essas alterações, vai se anunciando uma grande transição para a humanidade, sendo necessário um profundo reexame dos principais valores e premissas da nossa cultura. Modelos conceituais em

---

* Médico-psiquiatra, professor-supervisor de psicodrama pela SOPSP/Febrap. Coordenador do Núcleo da Psique. Co-autores: Bernadete Brito, Deborah de Marco, Lucia Monteiro, Manoel Mascarenhas, Mara Ribeiro, Mauro Blecher, Renata Mancini, Sonia Jubelini, Vera Guedes.

todas as áreas do conhecimento passam por desgaste e decadência rápidas e inevitáveis; o descarte torna-se uma tônica e o novo é algo sempre esperado.

Especificamente na área da saúde, tal limitação dos conceitos torna-se flagrante, muitas vezes, com fracasso na compreensão do que ocorre com aquele indivíduo que sofre, seguido de um distanciamento da possibilidade de captarmos ou entendermos, com clareza, as forças e as influências que o levam à doença. Fica cada vez mais óbvio que dividir os seres humanos em dois segmentos, mente e corpo, e este em múltiplos sistemas estanques, nos afasta do que mais necessitam atualmente, isto é, serem vistos como um organismo integrado, dinâmico, interatuante e holístico.

A reflexão seguinte é que esses mesmos seres humanos estão, também, sem se aperceber, cada vez mais se distanciando uns dos outros, caminhando para um isolamento e solidão. Daí a necessidade de criarmos novos modelos de atendimento calcados nos avanços da moderna psicofarmacologia que visa, principalmente, manter os homens integrados e atuantes na sociedade, além de observarmos aquilo que as pessoas têm de mais exclusivo, pessoal e próprio, que é o viver em sociedade, em grupo.

A todo esse conjunto alia-se a preocupação mundial das nações com os altos custos econômicos dos distúrbios mentais e suas conseqüências, como indivíduos não-produtivos, isolados e distanciados do social.

Nas grandes metrópoles da sociedade moderna verificamos que as pessoas vão experimentando um isolamento progressivo e, às vezes, até patológico. Elas vão tendo espaços de inserção social cada vez mais limitados e elitizados, com valores éticos e morais, como solidariedade, tornando-se cada vez mais raros. Vai se criando uma cultura do *salve-se quem puder*, que traz conseqüências desastrosas e danosas no dia-a-dia desses indivíduos. A promoção do comportamento competitivo em detrimento da cooperação é uma das principais manifestações da tendência auto-afirmativa excessiva, manifestada como poder, controle e dominação de outros pela força.

Sempre foi pensamento desses profissionais que um grupo, qualquer que ele seja, traz em si uma tentativa de reverter essas vivências cada vez mais internalizadas e individualizadas na cultura moderna e, ao mesmo tempo, dá a possibilidade de estabelecer relações menos alienantes. O contexto grupal reflete as particularidades da sociedade na qual seus integrantes estão insertos, o que lhes dificulta a utilização de processos de negação de dados reais e objetivos.

Em um grupo terapêutico o sentimento de segurança e aceitação entre os participantes, o *continente grupal*, por intermédio do fortalecimento dos laços entre seus integrantes e o desenrolar das técnicas aplicadas, faz com que os elementos do grupo sejam capazes de enfrentar os de outros grupos da sociedade (família, emprego etc.), que não oferecem tal continência.

Portanto, no decorrer de nossas reflexões, fomos consolidando aquilo que era, até então, uma idéia genérica, e fomos obtendo um contorno mais nítido desse trabalho, com a proposta de uma prática complementar, que inovasse em alguns aspectos, mais condizente com a realidade atual, isto é, atendimentos grupais e em curto espaço de tempo, a qual chamamos de *Terapia Tematizada Grupal por Tempo Limitado*. Consideramos ainda que o trabalho grupal, sendo focado no problema percebido como central pelos pacientes, e sendo esse comum a todos, cria coesão e companheirismo — sustentáculos para minimizar os sentimentos de solidão, vergonha e medo de encará-lo, indispensáveis para o próprio tratamento da questão em pauta.

PSICOTERAPIA BREVE — EMBRIÃO, PONTO DE PARTIDA

Antes de descrevermos o que é a Terapia Tematizada Grupal por Tempo Limitado, devemos nos reportar à história dos atendimentos breves.

Vamos tomar como ponto de partida Freud, que realizou de forma bem-sucedida atendimentos breves, que podiam ser realizados em dias, horas ou meses, a seu critério, e de acordo com a necessidade do caso. Freud chamou a atenção para a precisão diagnóstica e para a necessidade do conhecimento psicodinâmico, o que possibilitaria a resolução ou a remissão dos sintomas em um período menor.

Esses atendimentos tinham objetivos definidos, tanto para Freud como para o paciente, e, uma vez alcançados, o trabalho era encerrado. Os pacientes apresentavam queixas específicas, cuja sintomatologia não permitia dúvidas sobre o diagnóstico.

É de Freud também a frase: "(...) despertamos para a tarefa de adaptar nossas técnicas às nossas condições (...)". Com o passar dos anos, vários foram os estudiosos que se preocuparam em diminuir o tempo de atendimento psicoterápico. Em 1941 ocorreu o 1º Simpósio sobre Psicoterapia Breve, nos Estados Unidos, em que foram apresentados os trabalhos de French e Alexander. A contribuição principal desse simpósio foi a conclusão da possibilidade da psicoterapia breve fundamentada na compreensão psicanalítica da personalidade.

Com o advento da Segunda Grande Guerra vários eram os necessitados e poucos os profissionais habilitados, o que intensificou a busca de atendimentos breves. Na década de 40, falou-se em atendimentos breves para situações de emergência e, nesse trabalho, destacam-se Leopold Bellak e Leonard Small. O conceito de psicoterapia de emergência é dado por Grinker e Kardiner, no qual esse tipo de terapia implica ação imediata para promover o alívio e o reequilíbrio pessoal; tal ação teria um efeito preventivo, evitando, assim, que a problemática se desenvolvesse. Nesse período, pensou-se, também, no uso da psicoterapia breve para pessoas em trânsito, em função do pouco tempo que elas teriam para resolver suas situações de conflito.

Embora nunca falasse em psicoterapia breve, o trabalho que Jacob Levy Moreno desenvolvia, desde que iniciou com a teoria psicodramática e suas técnicas, o fazia sempre num curto espaço de tempo. Um exemplo disso é dado no seu livro *Psicodrama*, no qual apresenta vários protocolos de psicodrama e todos descrevem terapias num curto espaço de tempo, como o caso do psicodrama individual do sr. Rath, o psicodrama de um casal, e outros.

Como J. L. Moreno define, o psicodrama é o método que penetra na verdade da alma por meio da ação; a catarse que ele promove é uma catarse de ação. Esses trabalhos psicodramáticos eram feitos, geralmente, em grupo, dando maior enfoque às relações e aos vínculos, e centrados no drama (ou conflito). O psicodrama é, muitas vezes, um corpo teórico e técnico com todos os elementos de uma psicoterapia breve.

Na década de 50 surge a psicoterapia breve propriamente dita, com definições, objetivos e estratégias, e foi representada por dois grupos, Balint e Malan, em Londres; e Sifneos, em Boston. Já neste momento fala-se em um corpo que define a psicoterapia breve com técnicas diferentes. Sabemos, hoje, que não existe uma psicoterapia breve, mas, sim, várias, em função de diferentes referenciais teóricos, formas de abordagem, objetivos específicos etc.

Entendemos como conceito geral de psicoterapia breve o tratamento realizado num curto espaço de tempo, que se preocupa com a remoção ou com a melhora do sintoma, com a readaptação ou reequilíbrio emocional pelo uso de técnicas diversas, dependendo da formação teórico-prática do terapeuta. Os atendimentos são realizados, em sua maioria uma vez por semana, face a face, e a atitude do psicoterapeuta é mais ativa, podendo ser empática, pedagógica ou confrontativa. A ênfase está no psicodiagnóstico, a fim de que se possa estabelecer o tema central, o foco da delimitação da crise ou a situação-problema.

TERAPIA TEMATIZADA GRUPAL POR TEMPO LIMITADO — CONCEITOS

Entendemos que a terapia tematizada grupal por tempo limitado é uma modalidade da psicoterapia breve, uma vez que é um atendimento dirigido a pessoas com a mesma patologia, sintoma ou situação que as levou a procurar ajuda, e realizado por psicoterapeutas habilitados para trabalhar com grupos. O objetivo é que essas pessoas possam compartilhar sua problemática, as dificuldades encontradas em lidar com ela, e possam ter um entendimento dela, chegando ao alívio ou à suspensão dos sintomas.

A terapia tematizada grupal por tempo limitado objetiva levar os indivíduos a maior consciência sobre sua doença e/ou sobre a situação em questão, bem como as formas mais adequadas que poderiam encontrar para minimizar o conflito. Procura fazer com que as pessoas identifiquem inibições, rejeições e condutas de isolamento que contribuem para essa problemática. Proporciona o reconhecimento dos recursos pessoais para modificar a situação atual e, conseqüentemente, formular projetos de vida.

O atendimento é feito em grupo, pois isso proporciona, por meio do falar e do escutar, melhor percepção de si e do outro, maior capacidade de julgamento, contribuindo para um aumento na auto-estima.

O grupo é atendido sempre por dois terapeutas, que devem possuir vasto conhecimento sobre o tema a ser tratado e sobre a psicodinâmica da patologia-tema. Esse conhecimento é essencial para que consigam identificar os pontos relevantes a serem trabalhados e, assim, administrar melhor o tempo.

Os terapeutas não impõem uma direção, mas sabem das questões principais que devem ser tratadas, e aproveitam quando elas emergem. Eles têm um papel ativo, uma vez que têm metas e pontos essenciais a serem atingidos num período de tempo limitado.

O grupo atendido é homogêneo, e entendemos por grupo homogêneo aquele que é constituído por pessoas que possuem a mesma patologia ou diagnóstico, ou seja, elementos que apresentam uma condição especial comum no que se refere aos sintomas ou ao quadro. A opção por esse tipo de grupo é feita em função da facilitação das identificações projetivas, da diminuição do sentimento de vergonha e solidão que o sintoma e/ou problemática possam acarretar ao indivíduo, propiciando maior suporte e coesão grupal, atingindo, então, mais rapidamente o objetivo do trabalho.

Os elementos que constituem o grupo devem ser selecionados *a priori*. Inicialmente, as pessoas que procuram atendimento são submetidas a entrevistas individuais com psiquiatra, objetivando diagnóstico e avaliação de sua elegibilidade para atendimento grupal, ou seja, para participar do grupo é essencial, além do diagnóstico, que o indivíduo apresente motivação para o tratamento, bem como capacidade para estabelecer relações interpessoais, isto é, ouvir, falar, expor-se, não ser autocentrado e apresentar tolerância à frustração. Em função disso, são excluídos portadores de psicoses, de sociopatias, de deficiência intelectual, e os que apresentam descontrole da impulsividade e/ou da agressividade. É importante ressaltar que, havendo necessidade de medicação, esta será providenciada por ocasião da entrevista diagnóstica.

Estudos de Garfield mostram que pacientes ambulatoriais

freqüentam, no máximo, seis sessões de psicoterapia, e somente 10% comparecem a mais de 25 sessões. Nesse sentido, defendemos o tempo limitado para a terapia tematizada grupal, que deve ser distribuído de modo eficiente e efetivo durante o processo terapêutico.

O grupo deve ser atendido uma vez por semana, por 16 a 24 sessões (de 4 a 6 meses), com duração de uma hora e meia a duas horas cada uma. O número de pacientes no grupo, a quantidade de sessões e a sua duração são sempre definidos pelos terapeutas, em função das suas próprias características e das necessidades peculiares do grupo e do tema. As informações de como o grupo vai funcionar devem ser contratadas com os pacientes para que eles tenham noção clara do começo, meio e fim do processo.

O tempo limitado é um dos dados de realidade que a pessoa deve administrar. Segundo Mann, fixar os limites de tempo diminui a freqüência de comportamentos regredidos e transmite aos pacientes que a gratificação futura compete a eles e não aos outros. Portanto, a delimitação de tempo promove um aumento do senso de responsabilidade pessoal para mudanças e encoraja o ato de conseguir independência.

O processo da terapia tematizada grupal por tempo limitado pode ser divido em três etapas: *princípio, desenvolvimento* e *finalização.*

Entendemos por *Princípio* do processo terapêutico o período do trabalho que tem como propósito criar continente grupal, visando à diminuição nas tensões relacionais e possibilitando que os elementos do grupo consigam se expor.

Desenvolvimento é a etapa em que cada paciente, sem inibições, pode compartilhar com os membros do grupo como se desenrolou ou se desenrola o seu quadro, as origens e as conseqüências de seus sintomas, receber informações sobre eles, bem como estabelecer metas para serem realizadas até o fim do trabalho.

A *Finalização* é o período dedicado à avaliação de como foi o processo, de como cada participante se encontra no momento, se as metas estabelecidas foram alcançadas e com relação à elaboração da separação do grupo.

SEMELHANÇAS E DIFERENÇAS ENTRE PSICOTERAPIA BREVE E TERAPIA TEMATIZADA GRUPAL POR TEMPO LIMITADO

Psicoterapia Breve	Terapia Tematizada Grupal por Tempo Limitado
1. Manejo terapêutico das limitações temporais.	1. Manejo terapêutico das limitações temporais.
2. Limitação das metas terapêuticas.	2. Limitação do tema e das metas terapêuticas.
3. Centralização do conteúdo terapêutico no presente.	3. Centralização do conteúdo terapêutico no tema.
4. O manejo diretivo das sessões pelo terapeuta.	4. O terapeuta tem o conhecimento do que deve ser trabalhado e prioriza de acordo com o tema ou tópicos.
5. Obtenção rápida de objetivos.	5. Obtenção rápida de objetivos (principalmente se for utilizado o psicodrama como ferramenta de trabalho).
6. Prontidão da intervenção.	6. Prontidão da intervenção (principalmente se for utilizado o psicodrama como ferramenta de trabalho).
7. Flexibilidade e atitude ativa por parte do terapeuta.	7. Flexibilidade e atitude ativa por parte do terapeuta (principalmente se for utilizado o psicodrama como ferramenta de trabalho).
8. Discussão ou catarse como elemento importante no processo.	8. Discussão ou catarse como elemento importante no processo desde que se relacione ao tema.
9. Relacionamento interpessoal rapidamente estabelecido, por meio do qual se pode obter uma eficácia terapêutica.	9. Relacionamento interpessoal, rapidamente estabelecido com os terapeutas e com os membros do grupo, criando continente grupal com alto grau de eficácia terapêutica.
10. Seleção apropriada de pacientes, pois nem todos podem se beneficiar de um contato terapêutico breve.	10. Seleção apropriada de pacientes, pois nem todos podem se beneficiar da terapia tematizada grupal por tempo limitado.

EXPERIÊNCIA E RESULTADOS COM TERAPIA TEMATIZADA GRUPAL POR TEMPO LIMITADO

Todos os participantes foram submetidos a entrevista individual com finalidade diagnóstica e de verificação do preenchimento dos critérios de elegibilidade para os grupos.

A — PRINCÍPIO

As primeiras sessões dos grupos sempre foram marcadas por um rápido entrosamento e pela presença de ansiedade em todos os componentes. Esse alto nível de ansiedade contribui para um prejuízo das funções de atenção, percepção, compreensão e julgamento, e faz com que as pessoas tentem buscar um alívio por meio de catarse, facilitando identificações, e com pouco grau de elaboração. Tentam, de início, não se comprometer com o trabalho, buscando soluções mágicas.

Todos compartilharam os sintomas e as questões referentes à medicação sempre com atitude comparativa. O fato de terem o mesmo distúrbio funciona como um facilitador do continente grupal, o que permite uma rápida estruturação do grupo.

Os pacientes expressaram o quanto é difícil conversar com outras pessoas que não entendem o que eles sentem, e os classificam como estando com "frescura" ou "loucura". Na verdade, às vezes pareciam sentir-se aliviados, outras vezes, mais tensionados, por verem nos outros algo de si próprios, e poderem ouvir e assimilar o que os outros tinham para compartilhar: era algo que confortava, uma experiência que só podia ser vivida em grupo. E isso ocorreu devido ao fato de ser um grupo homogêneo em termos de diagnóstico.

Neste início de trabalho, é importante que os terapeutas fiquem atentos para o enquadre. Ele deve ser colocado no começo do atendimento de forma a situar as pessoas em relação aos objetivos de estarem reunidos, à discriminação de papéis, ao tema, ao tempo e à duração das sessões e do atendimento. Por tratar-se de um atendimento breve e temático, faz-se necessário transformar algumas variáveis em constantes, para melhor enfocar e trabalhar os aspectos psicodinâmicos envolvidos.

B — DESENVOLVIMENTO DAS SESSÕES

Nas sessões subseqüentes, mantinha-se alto o nível de ansiedade. Percebemos que por trás da ansiedade estava o conflito de os pacientes admitirem estar ou não doentes.

No início do processo, os pacientes centravam-se nos sintomas e na medicação, aparentemente para não entrarem em contato com conteúdos mais profundos. Discutiam os sintomas e queriam "receitas" para enfrentá-los, porém não queriam entrar em contato com as questões subjetivas deles.

No desenvolvimento do grupo, as resistências começaram a ceder, possibilitando a entrada em conteúdos da história de vida de cada um dos pacientes. O grupo começou a se aprofundar e começaram a aparecer conteúdos relativos à psicodinâmica do distúrbio.

Por exemplo, nos grupos de portadores de transtorno do pânico, surgiram conteúdos de abandono, tanto por perdas geradas pela própria doença, como por perdas anteriores durante a vida. Apareceram conteúdos de relações simbióticas de muita dependência, rompidas, ou que tendiam a se romper, fazendo com que mantivessem ligações desgastadas que não conseguiam finalizar. Apesar da dependência, os pacientes ainda resistiam a se entregar.

Durante todo o trabalho, os terapeutas permaneceram atentos ao *Tema*, estimulando os pacientes a discutir ou dramatizar, sempre na direção de um entendimento mais profundo e elaborado sobre a dinâmica da sua patologia.

Nessa fase do processo, os pacientes começam a perceber que entender a própria dinâmica possibilita a modificação. O compartilhar desses conteúdos aumenta a coesão, tornando o continente grupal mais intenso. Saber o que o outro passou permite maior integração, proximidade e entendimento. Isso cria uma continência de muita intensidade afetiva entre os participantes, o que é bastante terapêutico. Poder ver o outro, e se ver é muito produtivo. Entendemos que essa característica ocorre em qualquer grupo tematizado, o que nos leva a concluir que é uma constante em grupos homogêneos quanto ao diagnóstico.

Na terapia tematizada grupal por tempo limitado, pelo fato de ser estabelecido um tempo determinado, a presentificação do fim permeia todas as sessões. Nos grupos de transtorno do pânico, em especial, os pacientes verbalizam, tentando negociar o prazo de finalização. Verificamos que a presentificação do fim ocorre em todos os grupos de terapia tematizada grupal por tempo limitado, variando somente a intensidade e a forma de manifestação, conforme as diferentes patologias.

Percebemos que muitos pacientes apresentam intensas dificuldades em enfrentar a finalização do grupo, alguns chegando a abandoná-lo ou a desqualificar a importância das últimas sessões. Os pacientes que permaneceram nos grupos, continuando vinculados ao tratamento, expressaram o desejo de parar de tratar da história pregressa de cada um e passaram a trabalhar com seus projetos de vida.

C — FINALIZAÇÃO

A finalização dos grupos foi feita com uma avaliação. Cada paciente pôde auto-avaliar-se e avaliar cada elemento do grupo, abordando: como estava quando chegou, como evoluiu e como estava terminando. Verificamos um clima de bastante emoção. As avaliações mostraram, no início, pessoas bastante reticentes e temerosas; ao finalizar o trabalho, estavam bastante abertas e preenchidas. Os terapeutas, por sua vez, também avaliaram seu próprio trabalho e o de cada um dos participantes do grupo.

Os pacientes que permanecem até o final do grupo podem vivenciar o fim sem o sentimento de rejeição e ter a experiência de finalização como uma vivência integrativa.

D — RESULTADOS

Quanto aos resultados, todos os pacientes expressam que se beneficiaram do tratamento, sentindo-se fortalecidos, voltando a realizar atividades que haviam deixado de fazer em função do quadro apresentado, e com segurança para fazer projetos de vida. O fato de ter uma compreensão racional de sua patologia e saber a origem dos sintomas faz com que os pacientes tenham mais segurança, pois sentem-se com maior domínio sobre a doença. Encerram o trabalho com a consciência de que têm uma doença, porém, isso deixa de ser um fato pejorativo, depreciativo ou impeditivo de vida, pois sabem que existe tratamento ou controle. Além do mais, percebem-se realizando projetos e tendo atitudes que antes não tinham.

Após o encerramento do trabalho de terapia tematizada grupal por tempo limitado, alguns pacientes continuaram um processo de psicoterapia individual para maior aprofundamento de suas dinâmicas pessoais.

Na nossa experiência, constatamos que o atendimento com dois terapeutas é fundamental para atingir o objetivo de um trabalho eficaz num curto espaço de tempo. Queremos ressaltar a importância de pensar em quem serão os dois profissionais que constituirão a dupla. Os grupos realizados tratavam de patologias que envolviam aspectos orgânicos e emocionais, e pudemos constatar a maior facilidade para o encaminhamento de algumas questões quando contávamos com profissionais com conhecimentos mais específicos. Entretanto, queremos lembrar que essa dupla de terapeutas é mais que a junção de dois. É condição que busquem a unidade no trabalho, não só no conhecimento do tema, mas que também possam compartilhar anseios, angústias e desafios.

REFERÊNCIAS BIBLIOGRÁFICAS

BELLAK, L., e SMALL, L. *Psicoterapia de emergência e psicoterapia breve*. Porto Alegre, Artes Médicas, 1980.

BRAIER, E. A. *Psicoterapia breve de orientação psicanalítica*. São Paulo, Martins Fontes, 1986.

FIORINI, H. *Teoria e técnica de psicoterapias*. Rio de Janeiro, Francisco Alves, 1982.

FREUD, S. Los caminos de la terapia psicanalítica. *In*: FREUD, S. *Obras completas*. Madri, Biblioteca Nueva, 1973.

GENTIL, V., e LOTUFO-NETO, F. (orgs.). *Pânico, fobias e obsessões: a experiência do projeto AMBAN*. São Paulo, Edusp, 1994.

GILLIÉRON, É. *As psicoterapias breves*. Rio de Janeiro, Zahar, 1986.

KAPLAN, H. I., e SADOCK, B. *Comprehensive group psychotherapy*. Maryland, Williams & Wilkins, 1993.

KNOBEL, M. Psicoterapia breve. *In*: RAPPAPORT, C. R. (coord.). *Temas básicos de psicologia*. São Paulo, EPU, 1986.

MORENO, J. L. *Quem sobreviverá? Fundamentos da sociometria, psicoterapia de grupo e sociodrama*. Goiânia, Dimensão, 1994.

_____. *Psicoterapia de grupo e psicodrama*. São Paulo, Mestre Jou, 1974.

NAVARRO, M. P. Terapia tematizada grupal com tempo limitado. *Revista Brasileira de Psicodrama* (1995), 3 (1):75-9.

ROSA, J. T. Desafios da psicoterapia breve. *Cadernos de Pós-Graduação*. São Bernardo do Campo, IMS (1984), 2:44-57.

SMALL, L. *As psicoterapias breves*. Rio de Janeiro, Imago, 1974.

TURNER, S. Talking about sexual abuse: the value of short-term groups for women survivors. *Journal of Group Psychotherapy, Psychodrama and Sociometry* (1993), 46(3):110-21.

YOSHIDA, E. M. P. *Psicoterapias psicodinâmicas breves e critérios psicodiagnósticos*. São Paulo, EPU, 1990.

WOLBERG, L. R. *Técnica da psicoterapia breve*. *In*: WOLBERG, L. R. (org.) *Psicoterapia breve*. São Paulo, Mestre Jou, 1979.

11

Psicodrama aplicado a grupos de crianças com dificuldades de aprendizagem*

*Antônio dos Santos Andrade***

Na literatura sobre psicodrama podem-se encontrar muitos trabalhos ilustrativos de sua aplicação à educação em geral, como por exemplo: Graham (1960), Clayton e Robison (1971), Shearon e Shearon (1973), Hazelton, Price e Brown (1979), Amaral (1980), Costa (1980), Hozman e Silva (1980), Mathis, Fairchild e Cannon (1980), Mazota e Silva (1980), Silva e Hozman (1980), Soares (1980), DuPlessis e Lochner (1981), Bustos (1982), Bustos e colaboradores (1982), Caré (1983), Rossi (1984), Swink (1985), Kenny (1987), Romaña (1987, 1992 e 1996), Maxeiner (1988), Da Costa (1991), Puttini (1991), Urt (1991) e Puttini e Lima (1997).

Entre os trabalhos que se caracterizam pela aplicação do psicodrama na educação especial podem se destacar Clayton e Robinson (1971), que descrevem sumariamente o Mental Health Program for the Deaf (Programa de Saúde Mental para Surdos), um esforço pio-

---

* Artigo publicado na *Revista Brasileira de Psicodrama*, v. 5, nº 2, 1997, pp. 93-106. O autor deseja agradecer a Áurea de Fátima Oliveira por sua colaboração como co-terapeuta com um dos dois grupos de estudantes, e também ao dr. Fernando Carlos Soares pela indispensável supervisão durante a realização dos dois grupos.
** Mestre e doutor em Psicologia Escolar pela Universidade de São Paulo. Psicodramatista, terapeuta de aluno e supervisor no Instituto de Psicodrama de Ribeirão Preto. Professor-assistente, doutor do Departamento de Psicologia e Educação da Faculdade de Filosofia, Ciências e Letras de Ribeirão Preto da Universidade de São Paulo.

neiro do St. Elizabeth's Hospital, no qual o psicodrama é utilizado com propósitos de tratamento e de reabilitação. De acordo com os autores, o psicodrama tem se revelado particularmente relevante para o trabalho com pacientes surdos, por ser um método de psicoterapia ativa, por meio do qual a pessoa surda pode se expressar de modo mais completo e espontâneo. Além disso, para os autores, a versatilidade do psicodrama permite sua aplicação a pessoas surdas, que possuam tanto alta como baixa habilidade verbal de comunicação. Junto com o psicodrama, o terapeuta utiliza múltiplos métodos de comunicação: vocal, leitura dos lábios, linguagem de sinais, soletração com os dedos e atuação.

Ainda com pessoas portadoras de surdez e a partir do mesmo Programa de Saúde Mental, Swink (1985) descreve como o psicodrama é utilizado no treinamento de habilidades sociais em grupo. Para facilitar o trabalho, o autor recomenda o uso do videoteipe (VTR) com o paciente surdo, por tornar possível expandir o aspecto não-verbal da comunicação e a expressão. De acordo com o autor, a grande vantagem do psicodrama é a capitalização da espontaneidade e da criatividade que essas pessoas já possuem, demonstradas em sua comunicação cotidiana. Os aspectos ativos do psicodrama permitem ao participante a utilização de todas as suas modalidades sensoriais, quando eles se dispõem a comunicar seus problemas, conflitos, sonhos e aspirações.

Um exemplo do uso do psicodrama com pessoas superdotadas, criativas e talentosas é o trabalho de Kenny (1987), que defende a sua utilização como um recurso para o aconselhamento tanto em situações de pequenos grupos como em salas de aula. A fim de diferenciá-lo do contexto terapêutico, o autor propôs chamar de "Helpingdrama" essa aplicação do psicodrama. De acordo com ela, as técnicas ativas do psicodrama, com sua promoção da criatividade e da espontaneidade, habilitam-no como o recurso mais apropriado para o ensino e para o aconselhamento desse tipo de criança.

Dentre os trabalhos com estudantes mentalmente retardados, encontram-se Hazelton, Price e Brown (1979), que realizaram um estudo comparativo sobre os efeitos da utilização do psicodrama e das atividades criativas com estudantes retardados mentais educáveis, de

11 a 13 anos de idade. Os resultados indicaram que tanto o Grupo de Psicodrama como o do Movimento Criativo apresentaram uma evolução significativa nas características de personalidade (medidas pelo Cattell Personality Questionnaire) e nas aquisições acadêmicas dos alunos, quando comparados com um Grupo de Controle, que recebeu apenas a educação tradicional.

DuPlessis e Lochner (1981) investigaram os efeitos da psicoterapia de grupo psicodramática com quatro alunos, de 12 anos de idade, com problemas de comportamento e dificuldades de aprendizagem. Os resultados obtidos a partir da aplicação de um Children's Personality Questionnaire, do relato dos pais e dos professores, além das observações pessoais dos terapeutas, revelaram um progresso significante nos padrões de comunicação, nas atitudes e no ajustamento emocional desses meninos.

Maxeiner (1988) descreve a utilização do psicodrama por intermédio da dramatização de contos de fadas, como uma forma de psicoterapia de grupo com crianças com retardo mental e problemas de comportamento, atendidos em um centro de tratamento e de educação especial. O autor afirma que, ao final da psicoterapia de grupo, todas as crianças mostravam maior iniciativa, capacidade de trabalho e de brinquedo, interesse social e autoconsciência. As crianças ansiosas e socialmente inibidas mostraram um progresso significante.

No Brasil, Mazota e Silva (1980) descrevem o resultado de um trabalho numa entidade assistencial que desenvolve atendimento a crianças com déficit neurosensório-psicomotor, na faixa de zero a três anos, entre as quais são freqüentes síndromes tais como: síndrome de Down, síndromes genéticas desconhecidas, síndromes sifilíticas, problemas de parto e outras. Os autores relatam atuações em dois níveis: grupos semanais com as mães e grupos semanais com as crianças. No grupo de mães foram utilizados o *role-playing* e outras técnicas psicodramáticas, trabalhando as situações nas quais as mães encontravam dificuldades: o papel de mãe, de mulher, de esposa, assim como os vínculos que estabeleciam, principalmente com a criança deficiente. No grupo de crianças realizaram atividades corporais, de expressão e de relaxamento, entre outras. Nesses dois grupos, os autores se propuseram a enfrentar o que chamaram de "excepcionalização", entendida como um conjunto de fatores que atuam nessas crianças, de forma a bloquear o seu expressar-se como criança, num processo de espontaneidade, buscando ainda dirimir os efeitos dos vínculos inadequados, produzidos pelo padrão de estigmatização que, em geral, a família estabelece com a criança.

Amaral (1980), trabalhando no interior de uma unidade de ensino especial da Secretaria Municipal de Educação de Santos, montou um grupo de dez adolescentes, entre 14 e 18 anos de idade, com QI variando entre 58 e 79, com seis membros do sexo masculino e quatro do feminino. As sessões eram semanais, duravam em torno de noventa minutos e eram realizadas numa sala para reuniões, dentro da instituição. Com o auxílio de outro psicodramatista, funcionando como ego-auxiliar, trabalhou durante um período letivo de um ano e três meses. Utilizou-se da maioria das técnicas psicodramáticas, tais como: jogos corporais, *role-playing*, jogos sem palavras, espelho, duplo, inversão de papéis. Como resultado, o autor verificou o desenvolvimento de uma situação que chamou de "educação paralela", que desenvolveu nos adolescentes "a capacidade de crescimento e de aprendizado, diferenciados daquelas normas básicas e gerais que regem as situações ambientais a que estavam sujeitos" (Amaral, 1980, p. 35). Além disso, afirma o autor:

> trabalhando com o propósito de permitirmos o jogo livre de papéis, que facilitasse maior grau de espontaneidade e favorecesse o aspecto criador inerente ao homem, terminamos com uma proposta de trabalho subjacente, que foi o conhecimento maior do eu, de suas potencialidades, através da educação paralela, permitida, absorvida e trocada durante o tempo de trabalho do grupo (Amaral, 1980, p. 36).

Ou ainda:

> protegidos por um ambiente que o próprio grupo criou, os membros puderam promover uma liberação da carga emocional "contra o mundo", reprimida que estava pelo outro ambiente que apenas exigia aceitação e respeito. A liberação terapêutica impedia uma atuação inadequada extragrupo e permitiu que viesse à tona a exigência de também ser respeitado como pessoa (Amaral, 1980, p. 36).

Quanto aos objetivos aos quais inicialmente se propusera, o autor concluiu:

> maior tolerabilidade e facilidade no relacionamento interpessoal foi uma das notícias trazidas pelos grupos familiares dos clientes. Por vezes, queixas de uma certa "auto-suficiência" que não entendiam muito, mas que terminavam, os familiares, por aceitarem (...) E com melhor desempenho escolar (Amaral, 1980, p. 36).

A partir dos trabalhos mencionados, é possível supor que o atendimento em grupos, por meio do psicodrama, pode ajudar também alunos que, mesmo não sendo deficientes, estejam apresentando dificuldades de aprendizagem escolar. Esta foi a suposição que originou o presente trabalho.

A seguir, se apresentará uma abordagem psicodramática desenvolvida com o objetivo de implementar as habilidades de relacionamento interpessoal em estudantes com dificuldade de aprendizagem nas séries iniciais da escolaridade. Depois se descreverá um estudo com dois grupos de crianças, indicando-se os efeitos do atendimento sobre o desempenho escolar delas. Tal como colocado por Amaral (1980), com esta abordagem se pretendia também criar um ambiente protegido para liberação dos sentimentos negativos "contra o mundo", que estão geralmente acumulados nesses alunos, como resultado de seus fracassos escolares, e são reprimidos pelo contexto familiar, escolar e social em geral.

O PSICODRAMA MORENIANO COM CRIANÇAS

A abordagem que se descreverá a seguir foi desenvolvida pelo dr. Fernando Carlos Soares, durante mais de vinte anos de atendimento psicodramático às crianças, em seu consultório particular e no Ambulatório de Psicossomática Infantil da Faculdade de Medicina de Ribeirão Preto, da Universidade de São Paulo. Nesta abordagem, diferentemente do psicodrama tradicional, as dramatizações emergem como resultado do esforço de resolução de um conflito em curso ou como uma brincadeira livremente escolhida pelas crianças. Essa estratégia é um desenvolvimento de uma abordagem proposta por Narvaez

(1976-77), na qual a liberdade de escolha das brincadeiras ou jogos é muito importante para promover um vínculo melhor com as crianças e entre elas.

Kaufman e Gonçalves (1988) propõem a denominação de psicodrama moreniano àquele no qual se busca propiciar as condições para a emergência de novos papéis e a consolidação dos papéis pouco desenvolvidos ou mal estruturados, fundamentados na concepção moreniana de espontaneidade e criatividade dramática. Esta abordagem utiliza poucos brinquedos, e o terapeuta diz à criança para representar, "como se estivesse em um teatro". Os autores a diferenciam do psicodrama analítico, que tem como propósito permitir às crianças reconhecerem, na fala do terapeuta, o sentido latente e inconsciente de suas brincadeiras espontâneas; permitir às crianças reconhecer, na fala dos terapeutas, o processo que habita dentro de seu próprio inconsciente; realizar, na ação verbal do terapeuta, uma graduação do jogo ao comentário, ao assinalamento, à interpretação. No texto citado são apresentados dois exemplos de psicodrama moreniano com crianças (Kaufman e Gonçalves, 1988; e Gonçalves, 1988). Dois outros trabalhos (Ferrari, 1985; e Ferrari e Leão, 1984), em nosso entendimento, poderiam também ser classificados nesta mesma categoria.

A abordagem utilizada na condução dos dois grupos que se apresentará também poderia ser classificada como um psicodrama moreniano, pois seus propósitos são promover a liberação da espontaneidade da criança por meio de brinquedos, de jogos, de representações e de outras atividades escolhidas livremente por elas; facilitar a estruturação sociométrica do grupo e promover o desenvolvimento da "tele" entre as crianças

Originalmente, essa abordagem foi desenvolvida para crianças pequenas (de três a cinco anos de idade) por Narvaez (1976-77), mas os resultados obtidos pelo dr. Fernando Carlos Soares mostraram que ela é eficiente também com crianças mais velhas, quando suas habilidades de relacionamento interpessoal se mostram deficientes.

Como disse Narvaez (1976-77, pp. 185-6), durante o curso do primeiro estágio da terapia não há uma visível diferenciação entre os contextos. O contexto dramático e o grupal estão juntos e indistintos. Pode-se distinguir apenas o contexto social. Esse contexto indiferenciado não é dramático porque não tem uma diferenciação visível entre o "si mesmo" e o "como se". E também não é um contexto grupal porque não há uma consciência do grupo como tal. Narvaez (1976-77) denominou-o de "Contexto Terapêutico", pois adquire algumas características que permitem às crianças manifestar-se no "aqui" e "agora", de modo diferente daquele que poderiam fazê-lo fora do grupo.

A despeito dessa indiferenciação de contextos, há algumas regras neste espaço terapêutico, que o diferencia do exterior. Assim, no início, as crianças jogam, não dramatizam. A dramatização (assunção de papéis, troca de papéis, diferenciação entre o "si mesmo" e o "como se") surge, em geral, como fruto da resolução de um conflito.

No decorrer das primeiras sessões, o terapeuta não faz nenhum tipo de interpretação. Ele faz concretamente aquilo que as crianças solicitam, de forma verbal ou não-verbal, por meio de atitudes ou de comportamentos assumidos por ele.

No início e no final de cada sessão, os terapeutas cumprimentam a criança com um beijo. Este é um procedimento importante para demonstrar a segurança do vínculo, a despeito do que possa ocorrer durante a sessão.

Na primeira sessão, os terapeutas dizem à criança: "Estamos aqui para brincar juntos". Nenhum brinquedo é levado para dentro da sala. Mais tarde, quando as crianças solicitam, alguns poucos lhes são fornecidos. Esse princípio revela-se muito importante para conduzir as crianças a resgatar sua espontaneidade, o que geralmente fazem por meio de jogos motores, físicos e corporais, livremente escolhidos. Segundo Soares (1992), o uso de brinquedos e de outros "objetos intermediários" poderia obscurecer as dificuldades de relacionamento entre as crianças. No lugar deles, utilizam-se almofadas, de vários tamanhos, que permitem uma interação mais livre e projetiva, em relação às dificuldades citadas.

Em síntese, essa abordagem procura dar às crianças o máximo de liberdade possível na escolha de brincadeiras, jogos e atividades, supondo que essa estratégia propicie o desenvolvimento de vínculos no interior do grupo. A dramatização como jogo só ocorrerá no momento em que as crianças preferirem.

DOIS GRUPOS DE CRIANÇAS COM DISTÚRBIOS DE APRENDIZAGEM

O psicodrama moreniano, tal como descrito, foi utilizado no atendimento de dois grupos de crianças que haviam procurado a Clínica de Psicologia da Universidade Federal de Uberlândia, com a queixa principal de problemas de aprendizagem. Com o primeiro desses grupos, trabalhou-se durante dois semestres letivos; com o segundo, três semestres. Todas as crianças tinham em comum apenas duas características: sua queixa principal de problemas de aprendizagem nas séries iniciais de escolaridade e serem de nível socioeconômico muito baixo.

Os dois grupos foram compostos da seguinte forma (na avaliação do QI, o autor utilizou a Escala Wechsler de Inteligência para Crianças — WISC, em sua adaptação brasileira):

Tabela I: Composição do Grupo I:

Estudantes	Sexo	Idade	Série	QI
1. Lu.	F	10	1ª	85
2. Ke.	F	11	2ª	79
3. Fa.	F	11	4ª	78
4. Pa.	F	11	4ª	89
5. Re.	M	13	5ª	82
6. Ma.	M	13	5ª	85

Tabela II: Composição do Grupo II:

Estudantes	Sexo	Idade	Série	QI
1. Na.	F	09	1ª	78
2. Va.	F	11	2ª	76
3. Fe.	M	10	2ª	81
4. Mo.	M	11	2ª	80

Conforme indicado na tabela acima, quanto ao potencial intelectual de todas estas crianças, apesar de algumas se situarem nos limites inferiores da "zona média", nenhuma delas podia ser considerada portadora de "retardo mental".

Ao final do primeiro semestre do grupo I, Pa. (número 4) passou para o segundo grupo, por motivos de compatibilidade horária no atendimento. Ma. (número 6) interrompeu o atendimento próximo ao final desse mesmo semestre, pois seus pais mudaram de cidade. Assim, ao final do primeiro semestre do início do Grupo I, este contava com apenas quatro crianças, enquanto o Grupo II iniciava o atendimento com cinco crianças. Após o seu segundo semestre, interrompeu-se o atendimento do primeiro grupo, de comum acordo com os familiares das crianças, pois as metas propostas para o atendimento já haviam sido alcançadas, exceto para Ke. que, por solicitação da mãe, continuou em atendimento, agora passando a integrar o segundo grupo no lugar de Pa., que interrompeu junto com os outros integrantes do primeiro grupo.

O autor conduziu o primeiro grupo sozinho, e o segundo grupo contou com uma co-terapeuta, a psicóloga e psicodramatista Áurea de Fátima Oliveira. O autor foi o responsável pela composição dos dois grupos, pelo psicodiagnóstico e pelos primeiros contatos com as famílias. As atividades terapêuticas desenvolvidas com esses dois grupos foram supervisionadas pelo dr. Fernando Carlos Soares.

As sessões aconteciam geralmente em um sala com carpete e almofadas pequenas, médias e grandes espalhadas. A sessão durava sessenta minutos.

OS CASOS E SEUS PROGRESSOS

Do *Grupo I*, foram obtidos os seguintes resultados escolares, conforme fora relatado em reunião com os pais das crianças, ao final do primeiro semestre de atendimento:

Lu.: No início do atendimento era a aluna em piores condições, pois com dez anos ainda cursava a primeira série.

Melhorou sensivelmente no decorrer do primeiro semestre de atendimento no grupo, conseguindo finalmente passar para a segunda série.

Ke.: Aluna repetente, que no início do atendimento acumulava diversas reprovações, com 11 anos e ainda na segunda série, cuja queixa principal era desmotivação, desinteresse, dificuldade de concentração, suspeita de atraso intelectual, excessiva timidez e retraimento.

Conseguiu aprovação ao final do primeiro semestre no grupo. Segundo sua mãe, depois que iniciou sua participação no grupo, a aluna se transformou, passou a demonstrar um espantoso desenvolvimento, desinibição, interesse e participação na sala de aula. Nesse ano seu desempenho estava tão bom que a professora já a considerava a melhor aluna da classe.

Fa.: Embora só tivesse uma reprovação, encontrava-se, na época do início do tratamento, totalmente desmotivada pela escola, com várias notas abaixo da média, correndo o risco de ser reprovada. Recuperou seu interesse pela escola e conseguiu a aprovação no final do ano. Tornou-se mais desinibida na escola, passou a dispensar as pressões constantes da mãe para estudar e fazer a lição de casa.

Pa.: Sempre fora uma aluna regular, mas muito cuidadosa com seus materiais, cadernos e livros. A própria mãe achava excessivos esses cuidados. Sempre fora muito interessada pela escola, apesar de ter sido reprovada na primeira série. No início do atendimento apresentava vários sintomas psicossomáticos, tais como: tonturas, dificuldades respiratórias, desmaios, náuseas e vômitos, que ocorriam sempre em período de maior exigência escolar, como época de provas. Foi submetida a muitos exames médicos, e nenhum fundamento orgânico para esses sintomas fora encontrado. Por isso, havia sido encaminhada para a Clínica Psicológica.

Desde o início das atividades no grupo, passou por grandes mudanças: sua dedicação e seus cuidados excessivos com os objetos escolares diminuíram sensivelmente, chegando a preocupar sua mãe, que nos procurou. No entanto, os sintomas logo desapareceram, mesmo em dias de avaliação. Segundo a professora, estava mais solta e desinibida em sala de aula. Foi aprovada ao final daquele ano.

Re.: Aluno-problema. Devido ao seu comportamento, era constantemente repreendido pelos professores e pela direção da escola, tendo sido obrigado a transferir-se para não ser expulso por desobediência e desrespeito às autoridades da escola. No início do atendimento, tinha ameaçada a sua aprovação, pois já acumulava notas abaixo da média.

"Melhorou muitíssimo", segundo sua mãe, com relação ao mau comportamento; recuperou suas notas e conseguiu ser aprovado.

Ma.: Aluno repetente, muito retraído e com sensíveis sinais de desmotivação pelos estudos, dificuldades de concentração e notas abaixo da média.

Infelizmente, esse aluno desistiu do atendimento antes do final do ano. Fomos informados de que sua família se mudara para outra cidade.

O *Grupo II* foi avaliado em reunião com os pais das crianças, ao final de seu segundo semestre de atendimento, da seguinte forma:

Na.: Aluna repetente, cursa a primeira série pela terceira vez consecutiva. Era muito retraída, inibida e desinteressada pelos estudos. Também já fora examinada por neurologista, mas este não detectara qualquer deficiência, levando sua mãe a suspeitar de atraso intelectual.

Desenvolveu-se muito, desinibiu-se, passou a participar mais das aulas. Começou, finalmente, a progredir na escola e, no final do ano, conseguiu passar para a segunda série.

Va.: Aluna repetente, com 11 anos ainda cursava a segunda série, mostrava muito desinteresse pelos estudos, dificuldades em acompanhar as aulas. Sua mãe tinha de vigiá-la para que fizesse os deveres de casa.

Conseguiu excelentes notas e foi aprovada no final do ano. Segundo a professora, passou a demonstrar maior interesse pelos estudos.

Fe.: Aluno repetente, com dez anos cursava a segunda série, com queixa principal de hiperatividade. Sua mãe era obrigada a trocá-lo de escola freqüentemente, pois devido a essa característica as professoras e a direção acabavam desistindo de trabalhar com ele, colocando-o a maior parte do tempo "de castigo". Sua mãe já recorrera ao neurologista e ao psiquiatra, mas sem nenhum sucesso. Procurou a Clínica Psicológica suspeitando de atraso intelectual em seu filho.

No final do ano, até as professoras se mostraram surpresas com as mudanças no comportamento dele. Sua hiperatividade diminuíra sensivelmente, recuperou o interesse pelos estudos, principalmente no segundo semestre, esforçando-se muito; chegou a melhorar muito suas médias, mas não o suficiente para conseguir a aprovação final.

Mo.: Aluno repetente, com 11 anos, na segunda série, no início do atendimento apresentava muitas dificuldades na escola. Excessivamente retraído, tímido, com dificuldades de concentração, apresentava-se "alheio" durante a maior parte do tempo, tinha "tiques" nervosos, dificuldades de comunicação e de relacionamento com os colegas e professores, suspeito de possuir atraso intelectual. Fora encaminhado à Clínica Psicológica por um psiquiatra com diagnóstico de "neurose obsessivo-compulsiva e tendências esquizóides". Tomava grandes doses de medicamentos, inclusive "Haldol".

Melhorou sensivelmente na escola durante o ano de 1990, conseguindo ser aprovado. Melhorou muito na participação em sala de aula, no convívio com os colegas, passando a se interessar mais pelas pessoas e pelos colegas de sua rua. Seus "tiques" diminuíram muito, embora sua mãe insistisse em manter os medicamentos, pois tinha medo de que ele piorasse. Dentro do próprio grupo apresentou um progresso surpreendente no relacionamento com os colegas e mesmo com os adultos.

Ke.: Aluna remanescente do primeiro grupo, foi aprovada pela segunda vez consecutiva, com excelentes notas, está agora na quarta série e é considerada pela professora uma de suas melhores alunas. Continuou no grupo por solicitação de sua mãe, que se preocupava com o efeito sobre ela de novas dificuldades intrafamiliares, uma vez que nunca mais apresentara problemas escolares, desde que iniciara o tratamento.

CONCLUSÃO

A partir dos progressos escolares descritos, é possível concluir que o atendimento em grupo, por intermédio do psicodrama moreniano, às crianças com distúrbios de aprendizagem, parece favorecer o sucesso escolar, interrompendo o ciclo de fracasso no qual elas estavam insertas, provavelmente pelo fato de implementar nelas suas habilidades de relacionamento interpessoal.

Esse resultado, tal como já foi mostrado na Introdução, foi obtido também por Hazelton, Price e Brown (1979), que relatam evolução significante nas aquisições dos alunos que participaram do grupo de psicodrama. No Brasil, Amaral (1980) relata, entre os resultados conseguidos nos dois grupos de psicodrama, uma melhora no desempenho acadêmico.

REFERÊNCIAS BIBLIOGRÁFICAS

AMARAL, G. F. Psicodrama com excepcionais. *Revista da Febrap*, 3(1), pp. 31-7, 1980.

BUBENHEIMER, V. U. Das Psychodrama in der Aus-und Fortbildung von Lehrern und seine Bedeutung für einen "therapeutischen" Unterricht. *Praxis der kinderpsychologie und Kinder psychiatrie*, 28(8), pp. 277-84, 1979.

CARÉ, J-M. Jeux de rôles: jeux drôles ou drôle de jeux. *Français dans le monde*, (176), pp. 38-42, 1983.

CLAYTON, L. e ROBINSON, L. D. Psychodrama with deaf people. *American annals of the deaf*, 116(4), pp. 415-19, ago., 1971.

COSTA, D. L. A. Psicodrama na escola de 1º grau. *Revista da Febrap*, 3(1), pp. 94-7, 1980.

DA COSTA, M. C. M. Alguns aspectos do desenvolvimento do papel profissional de educador através da metodologia psicodramática. *In*: PUTTINI, E. F., PASSOS, L. F.; DA COSTA, M. C. M. e URT S. da C. *Psicodrama na educação*. Ijuí: Unijuí, 1991, pp. 29-60.

DUPLESSIS, J. M. e LOCHNER, L. M. The effects of group psychotherapy on the adjustment of four 12-year-old boys with learning and behavior problems. *Journal of Learning Disabilities*, 14(4), abril, 1981.

FERRARI, D. C. de A. A postura do psicodramatista no psicodrama de criança. *Revista da Febrap*, 7(2); pp. 55-60, 1985.

FERRARI, D. C. de A. e LEÃO, H. M. G. Psicodrama infantil: teoria e prática. *Revista da Febrap*, 6(2), pp. 50-64, 1984.

GONÇALVES, C. S. *Psicodrama com crianças: uma psicoterapia possível*. São Paulo, Ágora, 1988.

_____. Duas sessões com meninas. *In*: GONÇALVES, C. S. *Psicodrama com crianças: uma psicoterapia possível*. São Paulo, Ágora, 1988, pp. 77-84.

GRAHAM, G. Sociodrama as a teaching technique. *Social Studies*, (51), pp. 257-9, dez., 1960.

HAZELTON, T.; PRICE, B. e BROWN, G. Psychodrama, creative movement and remedial arts for children with special educational needs. *Association of Educational Psychologists Journal*, 5(1), pp. 32-7, 1979.

HOZMAN, M. E. F., e SILVA, M. S. Psicodrama aplicado à educação: diretrizes gerais para o desenvolvimento afetivo e psicomotor de alunos de 1º grau da Rede Municipal de Ensino de Curitiba". *Revista da Febrap*, 3(1), pp. 24-6, 1980.

KAUFMAN, A. e GONÇALVES, C. S. Psicodrama com crianças. *In*: GONÇALVES, C. S. *Psicodrama com crianças: uma psicoterapia possível*. São Paulo, Ágora, 1988, pp. 65-75.

KENNY, A. An arts activities approach: counseling the gifted, creative, and talented. *Gifted Child Today*, 10(4), pp. 35-9, jul./ago., 1987.

KOHUT JR., S. Psychodrama techniques for inservice teacher training. *College Student Journal*, 10(2), pp. 114-5, verão, 1976.

LEE, T. The sociodramatist and sociometrist in the primary school. *Journal of Group Psychotherapy, Psychodrama and Sociometry*, 43(4), pp. 191-6, inverno, 1991.

MATHIS, J. A.; FAIRCHILD, L. e CANNON JR., T. M. Psychodrama and Sociodrama in primary and secondary education. *Psychology in the Schools*, 17(1), pp. 96-101, jan., 1980.

MAXEINER, V. V. Märchenspiel als Gruppenpsychotherpie für behinderte Kinder. *Praxis der Kinderpsychologie und Kinderpsychiatrie*, 37(7), pp. 252-7, 1988.

MAYNARD, P. E. Group training four counselors: a one-year follow-up. *Counselor Education and Supervision*, 15(3), pp. 225-8, mar., 1976.

MAZOTA, M. do C. E. e SILVA, R. C. O atendimento institucional e a espontaneidade na criança excepcional. *Revista da Febrap*, 3(1), pp. 31-7, 1980.

MORAES, M. L. A. Supervisão acadêmica de estágio em Psicologia Escolar com o uso de técnicas psicodramáticas. *Psico*, Porto Alegre, 9(2), pp. 93-8, jul./dez., 1984.

MORENO, J. L. *Fundamentos de la sóciometria*. (Trad.: J. Garcia Souza e Saùl Karsz). Buenos Aires, Paidós, 1972.

_____. *Psicoterapia de grupo e psicodrama*. (Trad.: Antônio Carlos Cesarino). São Paulo, Mestre Jou, 1974.

_____. *Fundamentos de psicodrama*. (Trad.: Maria S. Mourão Neto). São Paulo, Summus, 1983.

_____. *Psicodrama*. (Trad.: Álvaro Cabral). São Paulo, Cultrix, 1987.

NARVAEZ, M. C. Sicodrama en niños de 3 a 5 anos. *Cuadernos de Sicoterapia*. Buenos Aires, Genitor, 11(1-2)-12(1-2), pp. 183-98, junho, 1976; Maio, 1977.

PUTTINI, E. F. O papel do professor da pré-escola: uma abordagem psicodramática. *In*: PUTTINI, E. F.; PASSOS, L. F.; DA COSTA, M. C. M. e URT, S. da C., *Psicodrama na Educação*. Ijuí: Unijuí, 1991, pp. 61-93.

PUTTINI, E. F., e LIMA, L. M. S. (org.) *Ações educativas: vivências com psicodrama na prática pedagógica*. São Paulo, Ágora, 1997.

ROMAÑA, M. A. *Psicodrama pedagógico*. Campinas, Papirus, 1987.

_____. *Construção coletiva do conhecimento através do psicodrama*. Campinas, Papirus, 1992.

_____. *Do psicodrama pedagógico à pedagogia do drama*. Campinas, Papirus, 1996.

Rossi, M. Psicodrama: sensibilização e treinamento com atendentes de excepcionais. *Revista da Febrap*, 6(1), pp. 128-30, 1984.

Sacks, J. M. Psychodrama: an underdeveloped group resource. *Educational Technology*, 13(3), pp. 37-9, fev., 1973.

Shearon, E. M., e Shearon Jr., W. Some uses of psychodrama in education. *Journal of Group Psychotherapy and Psychodrama*, 26(3-4), pp. 47-52, 1973.

Silva, M. S. e Hozman, M. E. Psicodrama aplicado à pedagogia. *Revista da Febrap*, 3(1), pp. 156-68, 1980.

Soares, C. L. Z. Psicodrama na escola de 1º grau. *Revista da Febrap*, 3(1), pp. 94-7, 1980.

Soares, F. C. Psicodrama com Crianças. Curso ministrado durante o 8º Congresso Brasileiro de Psicodrama, 1992.

Swink, D. F. Psychodramatic treatment of deaf people. *American Annal of the Deaf*, 130(4), pp. 272-7, 1985.

Urt, S. da C. O mundo da criança e a criança no mundo: vivenciando o seu desenvolvimento numa abordagem psicodramática. *In*: Puttini, E. F.; Passos, L. F.; Da Costa, M. C. M. e Urt, S. da C. *Psicodrama na Educação*. Ijuí: Unijuí, pp. 94-119, 1991.

12

O psicodrama psicanalítico no atendimento de grupo de adolescentes

*Mariza Ferreira Leão**

> A palavra é disfarce de uma coisa mais grave, surda-muda,
> foi inventada para ser calada.
> Em momentos de graça, infreqüentíssimos,
> se poderá apanhá-la: um peixe vivo com a mão.
> Puro susto e terror.
> *Adélia Prado*

Freud, em 1918, em um pronunciamento lido perante o V Congresso Psicanalítico Internacional em Budapeste, expressava sua preocupação em estender os benefícios da psicanálise a um número maior de pessoas. Dizia que a quantidade de miséria neurótica no mundo era muito grande e que a técnica analítica se limitava a atender um número muito reduzido de pessoas. Dizia ele: "Defrontar-nos-emos, então, com a tarefa de adaptar nossa técnica às novas condições". Mas adverte:

> No entanto, qualquer que seja a forma que essa psicoterapia para o povo possa assumir, quaisquer que sejam os elementos dos quais se componha, os seus ingredientes mais efetivos e mais importantes continuarão a ser, certamente, aqueles tomados à psicanálise estrita e não tendenciosa[1].

---

* Psicóloga, psicodramatista, psicanalista. Membro didata da Sobrap.
1. Freud, S. *Obras completas*. Rio de Janeiro, Imago, 1976, p. 210.

O psicodrama psicanalítico visa a uma verdadeira articulação entre as duas vertentes teóricas: o psicodrama e a psicanálise. Embora existam, é claro, marcantes diferenças entre uma análise e um processo psicodramático, seus fins são os mesmos de uma análise. Trata-se de um trabalho clínico que, operando com "os princípios extraídos de uma psicanálise estrita e não-tendenciosa", como nos adverte Freud, visa, não a uma ortopedia do indivíduo, mas a criar um espaço no qual o sujeito possa recriar a sua história. Poderíamos, também, dizer que ele tem como objetivo fazer chegar a palavra ao imaginário. Desobstruir os caminhos à liberdade e à singularidade.

O psicodrama psicanalítico nasceu do interesse de alguns psicanalistas franceses que, após terem tido contato com o psicodrama de Moreno, começaram a utilizá-lo no atendimento de crianças e adolescentes no Centro Psicopedagógico da Academia de Paris, por volta do ano de 1946. Algumas transformações na técnica analítica tradicional se fizeram necessárias, bem como se criou uma nova maneira de operar com o psicodrama, já que era um trabalho realizado de acordo com os princípios teóricos da psicanálise.

A prática do psicodrama psicanalítico com crianças e adolescentes tem nos mostrado um potencial terapêutico que nasce do jogo discursivo que se estabelece no grupo. Esse tipo de atendimento grupal tem se revelado um dispositivo útil e eficaz para o trabalho com essa clientela.

Concordamos com Gennie Lemoine quando coloca que "o que determina a indicação baseia-se em definitivo na eficácia"[2]. Há indivíduos que, ao passar atendimento individual para o grupal, demonstram um progresso significativo em seu trabalho terapêutico enquanto, para outros, devido às muitas satisfações narcísicas que retiram do grupo, o trabalho grupal favorece a resistência.

Trata-se de um trabalho no qual a compreensão analítica dá a direção. Em geral, é realizado por dois psicodramatistas com dupla formação (em psicodrama e em psicanálise). Quanto a esse aspecto, existe uma distinção com referência ao psicodrama moreniano, pois a noção de diretor desaparece: os terapeutas colocam-se à disposição

---

2. Lemoine, G. e P. *O psicodrama*. Belo Horizonte, Interlivros, 1978, p. 238.

para desempenhar qualquer papel e revezam-se na direção da cena. Qualquer membro da dupla tem liberdade para fazer uma intervenção ou um corte.

A dramatização pode ou não ocorrer. O movimento do grupo é levado em consideração. Cada grupo tem suas particularidades de funcionamento: alguns mais verbais, outros mais centrados na ação, na vivência. Achamos interessante a flexibilidade que esse tipo de trabalho propicia, não exigindo que todos sejam estendidos "no leito de Procusto" e conduzidos a se adequar a uma técnica de trabalho.

A prática do psicodrama tem sido freqüentemente associada a uma ideologia do gesto como expressão e à catarse das emoções como cura. Se não podemos considerar tal afirmação justa no que se refere ao psicodrama moreniano, pois Moreno buscava em seu trabalho a "catarse de integração", muito menos ela o é em relação ao psicodrama psicanalítico. Concordamos com Masotta quanto ao fato de que "é sempre a linguagem verbal que preside e precede o fundamental do que se passa no psicodrama". A intervenção do corpo, o papel, o grupo e as ações psicodramáticas não podem ser, jamais, entidades alheias aos fundamentos da linguagem e das leis de qualquer verbalização. Nesse tipo de trabalho, não se trata do que a pessoa sente ou deseja colocar para fora. Resumidamente, seria a substituição de "uma ideologia da expressão por uma teoria sobre inscrições". O trabalho psicodramático vai trabalhar com as muitas construções imaginárias do sujeito, às quais ele está submetido "sem saber", abrindo possibilidade de uma mudança de posição e reinserção em sua própria história.

O psicodrama psicanalítico é um jogo. Não se situa na realidade do sujeito. Diferencia-se, assim, da proposta moreniana, que buscava apanhar as pessoas em seu meio real. Como Lemoine[3] pontua, a cena situa-se no nível do imaginário (referência ao registro do imaginário, simbólico e real proposto por Lacan). As personagens são fictícias. Tudo se passa no "como se". Aqui deve ser observada a advertência de Freud segundo a qual "o tratamento analítico deve ser efetuado, na medida do possível, sob privação — num estado de abstinência". O

---

3. Lemoine, G. *Opus cit.*, 1978, cap. 1.

acting out é uma transgressão da regra que determina que tudo seja vivido no imaginário. De acordo ainda com Gennie Lemoine, o jogo e a representação dramática exigem renúncia à satisfação[4].

A liberdade, entretanto, concedida ao imaginário não pode ser ilimitada.

> O limite estrito que mantemos entre o imaginário e o real preserva o real que não se saberia definir, que sempre falta onde é nomeado ou cercado (...) e que se perde irremediavelmente, quando se pensa apreendê-lo[5].

Em um grupo de pré-adolescentes, eles repetem, em algumas sessões, uma cena: eles, de um lado, são alunos bagunceiros que não deixam um pobre coitado de um professor dar aula. O professor desespera-se tentando colocar ordem e eles se divertem. Ao psicodramatista homem é dado o papel de professor e à psicodramatista mulher, o de aluna bagunceira. É visível o gozo que obtêm na repetição da cena. Os psicoterapeutas resolvem lançar mão de um recurso do psicodrama: a interpolação de resistência. Na próxima vez que propõem a dramatização, o professor-terapeuta volta-se para os alunos e diz que hoje ele não está com vontade de dar aulas e quer fazer bagunça junto com eles. Os alunos, meio surpresos, começam a brincadeira. Em poucos minutos vão perdendo a graça. Começam a questionar o professor dizendo que ele está ali para dar aula, ao que o professor responde: "engraçado... hoje que eu faço o que vocês querem, estão reclamando...". Os alunos vão gradativamente ficando mais ansiosos com a situação. Começam a se mobilizar, dizem que o pai deles paga escola para que eles tenham aula, que vão fazer um abaixo-assinado e levar ao diretor um pedido de demissão desse professor irresponsável... Após a dramatização, queixam-se dos psicodramatistas que não fizeram o combinado e são convidados a colocar o que sentiram. Há um interessante trabalho de elaboração sobre o que viveram.

---

4. Lemoine, G. e P. *op. cit.*, p. 238.
5. *Idem, ibidem*, cap. VI, p. 229.

Esse fragmento de sessão ilustra alguns dos pontos que eu colocava antes e, ainda, outros aspectos que gostaria de ressaltar com referência ao psicodrama psicanalítico:

- No que se refere à interpretação, no psicodrama psicanalítico ela deve ser feita, preferencialmente, a partir do papel que os psicodramatistas estão assumindo. No exemplo citado, ela tem mais o caráter de uma intervenção que teve como efeito um corte no gozo imaginário que aquela cena propiciava. Os pré-adolescentes sentiam-se inteiros, tudo podiam. Com a cena, fizeram uma cisão, na qual "o outro", o professor, era o castrado, "o pobre coitado", e eles, os bons, que gozavam. A intervenção quebrou essa totalidade imaginária, obrigando-os a se haver com a castração, a lei. Na cena descrita, a lei da escola.
- O trabalho psicodramático não visa consertar ou reparar imaginariamente o drama do sujeito. Como coloca Safouan, é justamente diante de sua falta que os terapeutas, com a ajuda do grupo, devem colocar o sujeito. Cabe aos psicodramatistas marcar o lugar da falta, condição para o trabalho acontecer (no plano simbólico).

No parágrafo acima eu dizia: "com a ajuda do grupo". Gostaria de ressaltar uma particularidade interessante decorrente desse tipo de trabalho: não é raro a melhor interpretação ou intervenção partir de um membro do grupo.

Pedro, um adolescente com grande dificuldade de relacionamento, ocupa em casa e nos lugares aonde vai o lugar do chato, do desajeitado (é obeso), do que faz porcarias para irritar os outros. Nas sessões individuais traz sempre histórias de vampiros que entravam em "tôrpor" por mil anos. Quando entrou no grupo, propôs dramatizar essas mesmas histórias. Os outros membros do grupo inicialmente aceitaram, mas depois de algumas sessões Roberto disse: "Ah, vamos dramatizar coisas mais do nosso dia-a-dia... coisas que acontecem com a gente, esse negócio de vampiro já está cansando...".

Propôs, então, uma cena de uma reunião familiar. Pedro ficou meio desconcertado, mas acabou participando e vivenciando bem o seu papel. Ao final, Roberto virou-se para ele e comentou: "Você viu como a gente pode falar de outras coisas além de histórias de vampiro?".

Essa sessão evidenciou uma mudança marcante no discurso e na participação de Pedro no grupo.

- Ao mesmo tempo em que a presença do outro no grupo serve de suporte às identificações ideais, o olhar do outro, por ser outra escuta, tem função fragmentária; possibilita a mudança da repetição em transformação. Roberto promoveu uma quebra no discurso repetitivo de Pedro de uma maneira que o coordenador não poderia ter feito, e sua eficácia deve-se muito ao fato de ele ser um membro como o colega, identificado com ele em sua repetição. Segundo Gennie Lemoine, "é exatamente essa identificação lateral que permite a cada membro do grupo ser terapeuta um do outro"[6]. Pedro pôde sair do "torpor" que seu discurso repetitivo lhe propiciava.
- O trabalho é conduzido de modo que se faça a passagem ao plano simbólico. Existe, sim, no psicodrama um aspecto lúdico e algo da ordem da liberação, mas tais aspectos não constituem sua função mais importante, nem mais específica. Devemos, pelo contrário, estar atentos ao perigo que decorre desse lugar imaginário onde se situa a cena, que pode tornar-se ocasião para fuga e exibições narcisistas, constituindo-se obstáculo, em vez de impulso à análise. Para que haja eficácia terapêutica, faz-se necessário que o sujeito entre em trabalho, ao nível do simbólico.
- De acordo com Safouan[7], no psicodrama a "cena é uma metáfora a ser vivida e elaborada pelo participante a partir de sua singularidade". Como colocamos anteriormente, o trabalho psicodramático deverá possibilitar uma reinscrição do sujeito

---

6. Lemoine, *opus cit.*, cap. VI, p. 229.
7. Safouan, M. *Reflexiones sobre o psicodrama psicanalítico.*

em sua história, uma mudança de posição em relação ao seu fantasma.

Jardel repete no grupo o lugar que ocupa na vida em geral: mentiroso. Numa discussão sobre bicicletas, conta que possui uma, de determinada marca importada, que os colegas julgam impossível ele ter, por ser muito cara. Entretanto, ele sustenta o que disse. Os colegas desafiam-no a mostrá-la. Se não puder ir nela, que leve uma foto. Como Jardel não faz isso, passa a ser chamado de mentiroso. Um dia, ele falta e Tiago diz ao grupo que fora à casa de Jardel e vira a bicicleta, até andara nela. Todos ficam espantados e se calam. Na sessão seguinte, logo que Jardel chega, todos vão comentar com ele sobre o fato. Jardel desmente tudo com veemência. Os adolescentes interpelam Tiago. Este explica que já estava de saco cheio das gozações em cima de Jardel. Volta-se para este e pergunta: "Por que você não aproveitou para sair dessa?", ao que Jardel, perplexo, respondeu: "Ah, se eu soubesse...".

Jardel não pôde aproveitar a abertura que Tiago lhe oferecera "para sair dessa". Por sua vez, não cabe aos terapeutas dar uma interpretação do seu sintoma, ocupando o lugar daquele que sabe. Este momento de surpresa, este "Ah, se eu soubesse..." é o ponto mais importante de nosso trabalho. Assinala que há, ali, algo que ele não sabe, um ponto de não-saber que o impele. Este é o lugar do grande Outro, do inconsciente, do código que faz com que o sujeito responda de modo repetitivo.

Apesar de sofrer com o rótulo de mentiroso, é difícil para esse adolescente sair desse lugar. Essa nomeação tem sua inscrição desde as raízes de sua identificação. É aí que ele é alguma coisa: "mentiroso" e responde à questão básica: o que o outro quer de mim. Colette Soler[8] lembra-nos que "a análise conduziu Freud a uma descoberta: o desprazer que causa o sintoma é enganador porque é um prazer que se ignora, uma satisfação, diz Freud, ao nível do isso".

---

8. Soler, C. "O intratável". *Curinga*, nº 2. Publicação do setor mineiro do campo freudiano.

A intervenção do colega possibilitou a Jardel "pensar" sua questão no limite da linguagem, num ponto no qual não há palavra que sustente. "Puro susto", como nos diz Adélia Prado. Sua pergunta, colocada exatamente naquele momento, fraturou o discurso repetitivo de Jardel desmascarando o gozo do sintoma.

Em tais momentos privilegiados, o sujeito é implicado, põe-se a trabalho. O "Ah, se eu soubesse ..." marca esse ponto de implicação do sujeito ao seu sintoma. Enquanto repete "sem saber", Jardel está submetido ao Outro. Dar-se-á a possibilidade de "cura", no sentido de uma mudança de posição, não porque ele se expressou, mas, sim, porque ele começa a ocupar um lugar na cena da qual era um participante "sem-saber".

O trabalho psicodramático deverá possibilitar a construção de um novo saber, desse saber que não se sabe, produto do trabalho psicanalítico.

REFERÊNCIAS BIBLIOGRÁFICAS

FREUD, S. Linhas de Progresso na Terapia Psicanalítica. Edição Standard Brasileira das *Obras Completas*. Rio, Imago, 1976. v. XVII, p. 210.

LEMOINE, G. e P. *O psicodrama*. Belo Horizonte, Interlivros, 1978, capítulos I e VI, pp. 229-38.

MASOTTA, O. *Prólogo de reflexiones sobre el psicodrama analítico*. Buenos Aires, Argonauta, 1979, p. 11.

SAFOUAN, M. *Reflexiones sobre o psicodrama psicanalítico*.

SOLER, C. "O intratável". *Curinga*, n° 2. Publicação do setor mineiro do campo freudiano.

13

Separação e ciclo vital familiar: um enfoque sociodramático

Maria Amalia Faller Vitale *

Relação e separação permeiam o ciclo da vida humana e fazem parte do aprendizado de todos nós. A temática da separação contempla múltiplos aspectos, entre os quais a morte e o rompimento. Focalizo, no entanto, a dimensão da separação do casal na perspectiva do sociodrama familiar.

Neste trabalho, a separação é entendida em termos genéricos, pelo processo de ruptura do vínculo conjugal[1] que se manifesta sob diferentes condições e revela-se como evento significativo no percurso de vida familiar.

Quero esclarecer que o processo de separação abre inúmeros caminhos de reflexão, sugere muitas questões e contém várias possibilidades terapêuticas. Mas, dados os limites desta comunicação, desejo

---

* Terapeuta familiar, psicodramatista, professora-doutora do Programa de Estudos Pós-Graduados em Serviço Social/PUC-SP. Professora do Curso de Psicodrama SOPSP/PUC-SP. Professora do Curso de Terapia Familiar em Hospital-Centro de Estudos do Departamento de Psiquiatria da Escola Paulista de Medicina. Professora-supervisora pela Febrap. Membro da diretoria da Associação Paulista de Terapia Familiar.

1. Por *separação* entendo, neste caso, o processo que vai desde a decisão de ruptura do vínculo conjugal até o pós-divórcio, sabendo-se que esse processo se inicia antes da tomada de decisão. O termo *conjugal* está sendo utilizado de maneira ampla. Refiro-me, assim, à relação de duas pessoas que se apresentam como casal, e não apenas aquela considerada legal do ponto de vista jurídico.

destacar apenas algumas das implicações a serem consideradas no sociodrama familiar[2]. Na verdade, trato de pontos — observados em vinte anos de prática como terapeuta de casais e de família — que envolvem a ruptura do casal que tem filhos e o ciclo de vida familiar. Sem dúvida, as questões aqui levantadas captam apenas parte de um conjunto bem mais complexo.

O casamento, em nossa sociedade — pelo menos nos chamados genericamente segmentos médios, sobre os quais teço estas considerações —, está caracterizado, em sua origem, pela escolha mútua calcada em critérios afetivos e sexuais, ou seja, na noção do enamoramento. Sabemos, entretanto, que essas escolhas se baseiam em diferentes instâncias, estruturadas a partir de referências conscientes e inconscientes, estas últimas tão bem estudadas por Willi (1978), Berenstein (1990) e outros. As escolhas dos parceiros conjugais estão em ressonância com a história de suas famílias de origem, tanto em termos de continuidade como de descontinuidade dos padrões familiares. Em outras palavras, é possível dizer que nestas escolhas está contido o desejo de reproduzir e de romper com a história familiar construída a partir de aspectos selecionados do mundo social, segundo a própria localização dos indivíduos nesse mundo.

Como aponta G. Velho[3], ao tratar do tema da separação de casais em nossa sociedade:

> (...) por mais que o casamento, a união entre dois parceiros, esteja envolvido por um forte halo de escolha, de opção, de liberdade, fica claro que está fortemente vinculado e ancorado a um conjunto mais abrangente, que é legitimado por valores e representações em que o indivíduo está longe de ser a força-motor ou o ponto nodal (Velho, 1985, p. 38).

O casamento, portanto, diz respeito não só às relações interindividuais, mas abarca um todo relacional.

A partir dessas considerações iniciais, focalizo o casamento e seu rompimento não só como uma questão do grupo nuclear, como tam-

---

2. Não trato aqui, especificamente, das *famílias reconstituídas*, tema que merece outro aprofundamento.
3. Velho trata desta temática na perspectiva da antropologia social.

bém de uma rede complexa de relacionamentos que não pode ser ignorada no sociodrama familiar. Se o casamento representa, pelo menos no plano simbólico, o desligamento, a autonomização em relação à família de origem, o divórcio — a outra face do casamento — significa, muitas vezes, uma reaproximação dessas famílias em função da ativação dos laços de cooperação necessários, dependendo das condições em que a separação ocorre e da etapa do ciclo vital familiar. No rompimento, observa-se tanto uma reapropriação das raízes familiares pelos elementos do casal como maior dependência dessas relações. Entre esses dois pólos ocorre uma gama de situações que se apresentam ao terapeuta familiar.

Nesta perspectiva, a separação em geral modifica a rede de relações constituída com o casamento. Assim, há uma reestruturação da sociabilidade familiar e dos vínculos, não só entre parentes, mas também entre amigos. Em caso de separações conflituosas, estabelece-se, muitas vezes, o rompimento desta rede, criando-se verdadeiras facções entre parentes e amigos (Velho, 1986). O *litígio* do casal se expande para o sistema mais amplo. Por essas razões, a separação traz consigo alianças que se desfazem e se constroem, seja no plano das relações sociais, seja no plano interno do próprio grupo familiar. Com o desenrolar do tempo, acaba por se configurar um novo mapa sociométrico. Permanecem, entretanto, os sentimentos — mágoas, alegrias, raivas, tristezas, entre outros — religando, muitas vezes, as pessoas[4].

Outro aspecto, estreitamente relacionado com as questões acima, diz respeito ao luto. O luto por uma morte ou por uma separação representa diversas possibilidades de elaboração. O ausente, no caso da separação, não só continua presente na memória dos elementos da família, dos parentes e dos amigos do casal, mas também permanece na própria rede sociométrica.

O sentimento de ausência de uma pessoa provoca tensões, ansiedades que necessitam ser acalmadas no plano do relacionamento familiar. Esta situação pode despertar, no interior da família, lealdades

---

4. Sobre sentimentos e fases presentes na elaboração da separação, no sentido mais amplo deste processo, ver Bowlby (1982) e Caruso (1986). Este último trata das separações de pares amorosos.

que até então se faziam encobertas, assim como revelar alianças e coalizões. Nesta perspectiva, a família, em sua nova estrutura, convive com os fantasmas de suas velhas estruturas (Minuchin, 1982).

Como foi assinalado anteriormente, o processo de separação constitui um evento significativo em termos de mudança no ciclo de vida familiar, sendo constituído também por esse mesmo ciclo. De um lado, pode-se dizer que cada família tem suas próprias peculiaridades para responder às transições do percurso de vida. De outro, é preciso observar em que momento ou etapa do ciclo ocorre a separação, pois existem aspectos tendencialmente diversos com relação às questões apresentadas.

Um casal que se separa quando os filhos são pequenos ou enfrenta dificuldades materiais, por exemplo, tende a reativar os mecanismos de solidariedade com a família de origem, podendo esta aparecer como determinante na experiência familiar pós-separação. Isso pode ser ilustrado[5] com o exemplo de uma mãe que comenta a respeito da avó, sempre presente no discurso familiar: "Quando me separei, os filhos eram pequenos. Minha mãe passou a ter uma presença maior na nossa vida, pois precisei contar mais com minha família".

Essa avó é convidada a participar da sessão, e emerge como organizadora da vida familiar. As duas mulheres, mãe e filha, são simultaneamente colaboradoras e competidoras em seu espaço relacional. A mãe perde parte de sua competência diante dos filhos quando a avó está presente. Os filhos captam o enfraquecimento da autoridade e do papel executivo da mãe. Por outro lado, a avó e a mãe formam um par educador; num arranjo, dificulta a participação do pai, mas, ao mesmo tempo, é por ele autorizado de alguma forma.

Sem dúvida, em momentos de crise, as pessoas necessitam dos laços de cooperação que a família de origem pode oferecer. Isso não significa, entretanto, que as necessidades emocionais deste sistema, o da família de origem, levem à interferência significativa nos papéis familiares da pessoa divorciada. Isso é particularmente importante quando se trata de divórcios de casais com filhos.

---

5. Os exemplos são retirados de minha experiência clínica.

Por outro lado, filhos pequenos freqüentemente se sentem ameaçados — em sua segurança — pela separação dos pais, podendo até acreditar que são a causa da separação. Por essas razões, eles desenvolvem esforços na direção de reunir os pais. Se, nesta configuração, um dos filhos estiver mais comprometido com o jogo relacional do casal, ele pode sentir-se compelido ao sacrifício emocional pela manutenção da relação dos pais.

Em contrapartida, em um casal com filhos adolescentes a tendência é observar-se uma configuração diferente. À medida que os filhos crescem, as exigências de pais e filhos podem colidir quanto à vida familiar. Muitas vezes, entretanto, os pais divorciados se aproximam da vivência de seus filhos adolescentes no sentido de tentar experimentar novos papéis, distintos daqueles vividos no casamento. Na separação, com freqüência há um retorno às inacabadas fantasias da adolescência. Em muitos casos, os filhos são ou sentem-se solicitados a serem *irmãos* de seus próprios pais. Exemplifico com a frase de uma jovem de 17 anos: "A relação com você [mãe] melhorou muito depois do divórcio, me tornei mais sua amiga, sou capaz de ouvir suas coisas, mas eu gostaria de poder ser mais filha".

A aparente *crise de adolescência* por que passam, na vida adulta, os pais separados, pode representar também o movimento de individuação na maturidade. Neste sentido, a crise vivida com a separação pode propiciar aos indivíduos maior diferenciação com relação à própria família de origem. Seria um erro prejulgar tais condutas apenas como uma reação deslocada do percurso de vida. O que desejo destacar é o significado dessas questões para o relacionamento familiar. Por vezes, o processo de separação traz consigo conseqüências na diferenciação dos papéis familiares. Por exemplo, um filho — com o divórcio dos pais — pode acreditar que deve assumir a função parental. No entanto, na maioria das vezes e com o passar do tempo de separação, os papéis familiares tendem a se reorganizar.

Observa-se que muitos casais se apresentam à terapia no momento da adolescência dos filhos. O desenvolvimento da sexualidade dos filhos, o início do desligamento deles e o confronto com uma nova geração que se forma favorecem a emergência de dificuldades antigas do casal. Nesta etapa, é como se o casal vivesse um "pico" de reconhecimento que, por vezes, resulta em separação. Exemplifico: um casal, passando por esta fase, procura a terapia apresentando como queixa principal o relacionamento sexual, considerado bastante insatisfatório desde o início do casamento: *"Sempre tivemos sérias dificuldades em nossa vida sexual. No entanto, agora ficou insuportável"*.

Foi pedido ao casal que colocasse, por meio de almofadas, tudo aquilo que estava contido no *agora*. A partir daí, revelou-se a questão da sexualidade dos filhos[6], dos desejos sexuais não satisfeitos dos pais e as conseqüentes frustrações.

Outra situação bastante comum pós-divórcio, que se acentua na adolescência, diz respeito a um dos pais ficar distanciado (ou sentir-se afastado) dos filhos, o que pode acarretar para aquele que divide o cotidiano com estes o acúmulo das funções paternas e maternas, tensionando a convivência familiar. Nesta etapa, os filhos tendem a jogar mais com os pais o trunfo de: "Vou morar com meu pai" ou "estou indo morar com minha mãe". E os próprios pais acionam esta chave: "Do jeito que está não dá, vou mandar você para seu pai ou [mãe]".

Distinguir as ameaças, as pequenas vinganças, as necessidades de confirmações de afetos, as buscas de resgate da relação com pai/mãe não-residente, os desejos que podem representar movimentos saudáveis de crescimento dos filhos é tarefa a ser construída com a família, assim como traduzir para os filhos alguns dos medos e das inseguranças que os pais vivem, às vezes, com muito sofrimento nesta condição. A saída de um filho da casa paterna ou materna para morar com o outro (pai ou mãe) move todo o sistema familiar. Essa mudança demanda novos espaços de negociação entre os membros, de convivência, redimensiona a sociometria familiar; simboliza idealizações, disputa de poder entre os pais. Essas diversas situações e os sentimentos aí implicados necessitam ser acolhidos no processo terapêutico.

Casais na meia-idade, que se separam, tendo filhos adultos, apresentam outras demandas à família. A autonomização dos filhos, o retraimento de papéis relacionados ao criar e educar filhos pode

---

6. A situação do pai que não reside com os filhos repercute, obviamente, também no relacionamento com crianças pequenas. Ver Dolto, F. (1992).

conduzir o casal a olhar para seus impasses na busca de uma saída. O subgrupo dos filhos muitas vezes já está se desligando da casa paterna, seja pelo casamento, seja pela condição de jovens adultos, e pode, neste momento, reaproximar-se dos pais no sentido de contribuir para *organizar* a separação. Muitas vezes são os filhos que sugerem e procuram indicações de terapia de casal para os pais. Os filhos, neste momento, podem mais facilmente aceitar a finalidade do divórcio. Isso não quer dizer, entretanto, que no processo de separação não sejam ativados os desejos e as fantasias infantis desses jovens adultos diante da ruptura do casal. Nessas situações, os filhos, enquanto subgrupo fraterno, podem ser egos-auxiliares do drama protagonizado pelos pais. De qualquer forma, em todas essas fases, o rompimento é principalmente uma vivência de contradições na qual a família tende a redefinir, mais claramente, o seu próprio sistema.

Embora não seja meu propósito abordar especificamente as *famílias reconstituídas*, é importante observar, em se tratando de ciclo de vida, que no processo de separação, quando ocorrem novos casamentos, as famílias podem conviver com momentos diversos desse ciclo. Por exemplo, uma mulher jovem com filhos pequenos e um marido na meia-idade com filhos adolescentes ou adultos jovens. Neste sentido, coexistem ciclos incongruentes na vida do casal ou da família. Criatividade e tolerância são elementos necessários no cotidiano dessas famílias.

Sem dúvida, esses assinalamentos revelam apenas algumas das situações observadas na prática clínica. Não tenho a intenção de fazer generalizações ou esquematismos, mas procuro chamar a atenção para o processo de separação a partir de uma perspectiva do ciclo de vida familiar. Nessa mesma linha de pensamento, é importante pontuar não só as dimensões das relações entre as gerações — que encontram ao longo do tempo, na família, o espaço de confronto e de convívio —, mas também as de gênero, que integram o discurso e a experiência familiar.

As relações de gênero engendradas no contexto social e familiar devem ser igualmente consideradas no processo terapêutico. Homens e mulheres recebem legados familiares diferentes, ainda que relacionados quanto ao casamento e, portanto, têm visões e possibilidades diversas em relação à separação[7]. O conflito da separação envolve ambos os sexos, mas é visto a partir de perspectivas distintas.

Tendencialmente, o homem perde o espaço doméstico, pois é mais freqüente que ele saia, enquanto a mulher permanece. Ganhos e perdas fazem parte desse arranjo. Aquele que necessita reconstruir o espaço pode sentir de forma mais intensa a *desorganização* de sua forma de viver. Aquele que fica é detentor das vantagens de uma certa continuidade e das desvantagens de sediar um espaço que não corresponde mais a sua realidade atual. É o herdeiro de uma "*casa desfalcada*", utilizando a metáfora de uma mulher recém-separada. Desta forma, núcleos familiares pós-separação, conduzidos por um dos pais, apresentam suas diferenças[8].

Em cada bagagem faltam e sobram legados da vida anterior. Separar essa bagagem — constituída a partir da história de cada um dos parceiros — faz parte do trabalho terapêutico. A questão de gênero é, portanto, um ponto de partida psíquico para o entendimento dos processos que envolvem a vida familiar e acentuam-se com a separação. Se o terapeuta familiar desconsiderar essa dimensão, corre o risco de ter menos canais abertos para reconstruir com a família sua nova realidade, seus novos papéis e responsabilidades.

Ao se dizer que o processo de separação difere quanto ao gênero e quanto à relação entre pais e filhos, a partir do ciclo vital, faz-se oportuno destacar alguns pontos referentes ao subsistema fraterno[9].

Com o rompimento do vínculo conjugal, tende a se estabelecer uma cumplicidade entre irmãos, pois, em geral, são apenas eles que vivem a realidade dos dois lados. E só entre os irmãos — no mundo dos iguais — algumas situações, provenientes das exigências de mudanças, são vividas. Esses passam a partilhar novas informações,

---

7. Em termos de possibilidades distintas para homens e mulheres, especialistas em família têm discutido a dimensão financeira e seus desdobramentos na vida familiar. Esta é uma questão complexa no pós-divórcio, que não cabe no âmbito deste trabalho. Neste sentido, ver Papp. P. (1995).

8. Sobre essas diferenças ver: Souza, R. M. (1994), quando trata de pais (homens) que ficam com a guarda dos filhos; Vitale, M. A. F. (1994), pesquisa sobre os legados familiares geracionais de homens e de mulheres.

9. As questões levantadas a propósito do subsistema fraterno são construídas a partir da experiência com crianças maiores e adolescentes.

preocupações, alegrias e segredos. Se a separação envolve uma nova delimitação dos espaços físicos de convivência familiar, são os filhos que comumente transitam nesses planos. O mundo da casa do pai e o mundo da casa da mãe são dimensões que só podem ser experenciadas no subgrupo fraterno. Problemas podem decorrer desta posição. Os filhos podem ser convidados pelos pais a se tornar transmissores, espiões e/ou cúmplices de um segredo. Ilustrando: "O papai está namorando, mas não quero que a mãe de vocês saiba".

O segredo vivenciado no núcleo paterno pode acionar no núcleo materno, por exemplo, a necessidade de a mãe investigar a situação e, eventualmente, usar um filho para esse objetivo. Lidar com tais demandas nem sempre é tarefa fácil para os filhos. O filho mais comprometido com o jogo relacional tende a responder a essas questões com maior sacrifício pessoal. Com demasiada freqüência, é no subgrupo dos irmãos que é partilhada parte das ansiedades emergentes das solicitações parentais.

Por outro lado, se as alianças de parentesco se desfazem com a separação, os filhos são os elementos que circulam mais livremente por essas redes. Necessitam sentir que pertencem a duas redes parentais, mas com freqüência se sentem disputados por elas. Os filhos são herdeiros dos legados familiares, mas é no plano do relacionamento fraterno que as heranças simbólicas recebidas são, por vezes, metabolizadas. Com a separação, as culturas familiares dialogam, amiúde, no espaço dos irmãos. Exemplifico: três irmãos, em uma sessão terapêutica, constroem imagens simbólicas ou esculturas[10] das famílias maternas e paternas, colocando-se no meio delas, movimentando-se e sendo puxados, ora em direção a uma, ora em direção à outra. A partir disso, comentam o seguinte: "A gente vai aprendendo a lidar com os problemas das famílias de nossos pais. Não dá muito para conversar com minha mãe sobre coisas da casa da minha avó paterna e vice-versa. Sempre vem algum comentário, alguma crítica. Tem tantas coisas das famílias que só entre nós [irmãos] conversamos".

---

10. No referencial sistêmico, esta técnica é utilizada com o nome de escultura familiar. Os terapeutas que integram o sociodrama e a terapia sistêmica tendem a utilizar o termo *escultura*. Ver Población, P. e Barberá, E. L. (1991), sobre a origem e o uso desta técnica em terapia familiar, destacando o psicodrama como fonte.

A relação fraterna é muito importante no sistema familiar e, no entanto, parece ter sido insuficientemente explorada nos estudos clínicos com famílias que vivem o processo de separação. Os irmãos convivem com *novos* aspectos dos pais pós-divórcio. Com a separação, rompe-se ou se altera um equilíbrio anteriormente estabelecido. Cada elemento do casal desenvolve, por vezes, aspectos e papéis que ficavam encobertos na dinâmica conjugal. É por intermédio dos filhos que essas imagens vão sendo reconstruídas. Exemplo: O filho (adolescente) falando para o pai e ao mesmo tempo pedindo confirmação da irmã, diz que: "Ela [a mãe] não é mais do mesmo jeito que você [pai] imagina. Ela agora trabalha, não está mais tão preocupada com a sua família como quando vocês eram casados".

Com a separação, os irmãos tornam-se por vezes bastante solidários, mas também podem estabelecer um padrão conflituoso de relação. Em algumas situações, observa-se que um dos elementos do subsistema fraterno pode desenvolver ou cristalizar a função parental a serviço de todo o conjunto familiar. Tem-se um bom exemplo disso neste caso:

Uma família composta por mãe e dois filhos adolescentes me procura após uma briga violenta que envolveu agressões físicas entre irmãos. O casal separou-se quando as crianças ainda eram pequenas. O pai vive, a partir de então, no exterior, estabelecendo novo relacionamento conjugal com filhos, e mantendo pouco contato com os filhos do primeiro casamento.

O irmão mais velho foi assumindo, desde a separação conflituosa dos pais, a função parental de companheiro da mãe. Neste sentido, passou a fazer as vezes de pai do irmão apenas dois anos mais novo. A mãe, neste conflito, sofre com a situação que cada vez mais foge de seu controle, ao mesmo tempo em que estabelece níveis de cumplicidade com cada um dos filhos. Por outro lado, é disputada pelos filhos para dizer quem é o certo, quem é o bom, quem é o amado. Realimenta-se a competição construída por todo circuito familiar. Em relação ao pai, figura ausente, cada um dos três criou seu próprio conceito, construído nesta trama vincular. A representação deste marido/pai está no bojo do conflito familiar que emerge por meio dos irmãos.

O olhar sobre a relação dos irmãos deve ser cuidadoso para encontrar caminhos no trabalho terapêutico com famílias. No caso de novos casamentos dos pais e de nascimento de filhos desta união, observa-se com freqüência que, por intermédio da ligação com o novo irmão, estabelecem-se pontes que facilitam a convivência na nova configuração familiar.

Por essas razões, a percepção de rompimento de vínculos passa por um sistema de valoração diferencial em termos de papéis[11], posições, relações de gênero, entre gerações e o ciclo vital da família. Essas considerações iniciais são importantes, pois oferecem balizamento para o terapeuta familiar avaliar a rede sociométrica a ser considerada, os desafios e os impasses que emergem no trabalho com a família.

A separação envolve, portanto, situações de emergência e situações de crise. Pode significar transição — na busca de uma saída para uma situação de impasse que se cristaliza —, mas pode também representar a continuidade de aspectos paralisados na vida familiar. É preciso estar atento a esses múltiplos elementos para desenvolver com a família os passos na direção de sua transformação para atender à nova realidade.

O sociodrama familiar oferece várias possibilidades de tratar as questões ligadas ao processo de separação na família. É preciso considerar que, ao atender uma família, todo o sistema familiar é protagonista. Porém, quando a família sofreu uma separação, é freqüente atendermos parte do grupo familiar original. Em outras palavras, nem sempre há condições ou indicações para que todos os elementos sejam envolvidos na terapia. Elaborar as perdas, aceitar as manifestações do sentimentos associados à mudança e ao luto são condições necessárias para o trabalho terapêutico.

O palco psicodramático oferece o potencial necessário para se trabalhar simbolicamente com o membro ausente, todavia presente na representação da trama vincular. O contexto dramático é, portanto, facilitador da transição na família. Ao voltar ao contexto grupal, a família tende a elaborar melhor sua nova realidade.

---

11. Convém lembrar a dimensão de complementaridade dos papéis familiares.

No sociodrama as dramatizações ganham peculiaridade, uma vez que, quando se trabalha com grupo familiar, a platéia é constituída pelos membros da própria família; ao mesmo tempo, são representados e têm interesse vital no desenrolar da dramatização (Williams, 1994, pp. 228-51). Por essas razões, o forte clima emocional presente nas sessões familiares, as cenas trazidas que às vezes envolvem todos os elementos presentes instigam o terapeuta a criar formas de trabalho dramático aplicadas ao grupo familiar.

Nas famílias que vivem uma separação coexistem papéis cristalizados — mas que já não podem dispor de seu complementar no jogo relacional — e novos papéis a serem desenvolvidos. Assim, em muitos casos, a separação ocorreu, mas o jogo relacional permanece o mesmo, aprisionando insidiosamente os membros da família no sentido da não-transformação. A família tem papéis solidificados e apresenta dificuldades para desenvolver jogos criativos.

Por intermédio do sociodrama, o terapeuta pode oferecer possibilidades para a família reescrever o roteiro do seu *drama*. Neste movimento, procura abrir espaço para o novo engendrado pela própria história familiar. O trabalho sociodramático procura ainda facilitar o reconhecimento da nova configuração familiar, incrementando ao mesmo tempo em seus membros o sentido de pertencimento. E apoiar os pais no sentido de uma relação cooperativa no que diz respeito aos filhos, ajudando-os a discriminar, na medida do possível, o papel parental do vínculo conjugal (que se transforma ou se transformou).

O sociodrama familiar não pode perder a perspectiva dos demais elementos da rede familiar que podem ser fundamentais neste processo, em especial nos casos de famílias que enfrentam situações graves. Mas é preciso, também, ajudar a família a distinguir suas fronteiras[12] e renegociar novas regras. Essa questão é central quando há a inclusão de novos membros, como no caso dos recasamentos. Da mesma forma, é preciso valorizar e apoiar o subgrupo fraterno neste conjunto sociométrico.

---

12. Estou usando o termo *fronteira* tomando por base o pensamento de Minuchin (1982). Para este autor, as fronteiras constituem as regras que definem quem participa e de que forma participa de um subsistema. As fronteiras protegem a diferenciação dos sistemas familiares.

O sociodrama familiar tem um apelo para que a espontaneidade floresça, possibilitando à família recriar seus símbolos e inter-relações. Trabalha para desafiar as regras que compõem um conjunto de significados, muitas vezes encobertos, buscando desvelar novas alternativas diante da situação de mudança. O caminho terapêutico que busca a espontaneidade, seja pela ação dramática seja por intervenções verbais, visa liberar energias bloqueadas em função de tramas de culpas, de lealdades invisíveis, de alianças; oferece a possibilidade de o grupo familiar reconhecer seus desafios em face de mudanças no ciclo vital.

Neste sentido, a idéia de ciclo de vida familiar, como referência conceitual[13], permite entender a família no tempo. As transições pelas quais o grupo familiar passa, sua história, podem ser mais bem captadas a partir desta perspectiva. Ao focalizar o ciclo vital familiar, desloca-se a ênfase da doença para a saúde, o que é coerente com as bases filosóficas morenianas. Assim, as mudanças que se desenrolaram ao longo da vida familiar gestam processos familiares que não devem ser categorizados, *a priori*, como patológicos.

Finalizando, gostaria ainda de ressaltar que o ciclo de vida é uma representação espaço-temporal que não pode, todavia, ser entendida como uma sucessão linear de eventos ou de etapas cristalizadas da vida. O ciclo vital familiar se estrutura a partir de formas de organização da existência socialmente construídas. Os acontecimentos da vida familiar se inscrevem na multidimensão do tempo: histórico, social e do peculiar de cada família. Esse terreno de reflexão abre caminho para se penetrar no significado das separações familiares. A família, não obstante nossos esquemas conceituais, sempre nos reservará surpresas.

REFERÊNCIAS BIBLIOGRÁFICAS

BERENSTEIN, I. *Psicoanalisar una família*. 1ª ed. Buenos Aires, Paidós,1990.
BOWLBY, J. *Formação e rompimento dos laços afetivos*. São Paulo, Martins Fontes, 1982.

---

13. Esse referencial suscita questionamentos de acordo com a perspectiva teórica de análise. Sobre este debate ver Godard, F. e DeConinck (1989).

CARTER, B. e McGOLDRICK, M. *The changing family life cycle:a framework for family therapy*. Nova York, Gardener Press, 1980.

CARUSO, I. *A separação dos amantes*. 1ª ed. São Paulo, Cortez, 1986.

DOLTO, F. *Quando os pais se separam*. Rio de Janeiro, Jorge Zahar, 1992.

FONSECA, J. S. *Psicodrama da loucura: correlações entre Buber e Moreno*. São Paulo, Ágora, 1980, pp. 83-102.

GODARD, F. e DeCONINCK, F. (org.) Biographie et cycle de vie. *Cahiers du Cercon*, nº 3, março, Marseille, Association Internationale de Sociologie, 1989.

MINUCHIN, S. *Família: funcionamento e tratamento*. Porto Alegre, Artes Médicas, 1982, pp. 52-69.

MORENO, J. L. *Fundamentos da sociometria*. Buenos Aires, Paidós, 1972.

_____. *Psicoterapia de grupo e psicodrama*. 1ª ed. São Paulo, Mestre Jou, 1974.

_____. *O psicodrama*. São Paulo, Cultrix, 1975.

PAPP, P. Prisioneiros do papel sexual. *In*: ANDOLFI, M.; ANGELO, C.; e SACCU, C. (orgs.) *O casal em crise*. São Paulo, Summus, 1995, pp. 147-54.

POBLACIÓN, P., e BARBERÁ E. L. La escultura en terapia familiar. *Vínculos. Rev. de Psicodrama*, T. Familiar y otras tecnicas grupales. Madri, ITGP, nº 3, pp. 79-98, 1991.

SOUZA, R. M. Paternidade em transformação. Pais singulares e suas famílias. Tese de Doutorado, PUC-SP, 1994.

VELHO, G. *Subjetividade e sociedade, uma experiência de geração*. 2ª ed. Rio de Janeiro, Jorge Zahar, 1986, p. 38.

VITALE, M. A. F. Vergonha: um estudo em três gerações. Tese de Doutorado, PUC-SP, 1994.

WILLI, J. *La pareja humana: relación y conflicto*. Madri, Morate,1978.

WILLIAMS, A. *Psicodrama estratégicon: a técnica apaixonada*. São Paulo, Ágora. 1994, pp. 228-51.

14

Mitologias familiares

Camila Salles Gonçalves*

Proponho-me a abordar a *mitologia*, que não é o *estudo* dos mitos, embora faça uso, aqui e ali, da vaga definição desse campo do conhecimento. Tenho por objetivo primeiro descrever perfis da mitologia, que resultam de determinadas atividades psíquicas. Estas são, de certo modo, opostas a *estudar* e a *aprender*. Com freqüência, impedem essas outras atividades. É o que ocorre, por exemplo, quando a mitologia é composta por papéis imaginários inibidores. Não existe *estudo* sem percepção, investigação, memorização e exercício conscientes. Ninguém pode, portanto, estudar sua própria *mitologia familiar*. Só quando ela morre seus registros podem ser objeto de estudo, como aqueles que se referem a quaisquer outros conjuntos de mitos. A mitologia familiar, que faz parte da vida psíquica do sujeito, resulta do que ele aprendeu por acaso, do que ele quis saber e do que não quis saber.

Um mito qualquer: *Miquelina*

Um dia faz sentido o que a mãe vem dizendo desde tempos imemoriais: *Você tem o sorriso da tia Miquelina*. A vontade de saber faz uma trilha de questões ainda não reprimidas: *Quem era ela? Como era essa tia dona do meu sorriso?* Esforço, já, para desfazer a amea-

---

* Psicodramatista, psicanalista, professora de filosofia, doutora pela USP.

ça no ar. Não é esforço inútil, pois vai circunscrever: *Tia do seu pai, a irmã mais bonita da avó dele. Tinha uma cinturinha... Ninguém entendeu, mas ela deve ter tido um desgosto... que. Não contou pra ninguém. Tão engraçadinha, vaidosa, entrou para o convento. E era asmática. A família do seu pai é cheia de gente asmática. Mas ela era tão bonitinha... Antes, usava aqueles vestidos chiques, acinturados. Passava papel crepom nos lábios. — Papel? — É. Moças de família ainda não usavam batom. Mas a tinta do papel ficava feito uma pintura disfarçada. — E depois? — Ela morreu no convento, acho que de ataque de asma. Quase ninguém da família foi lá. Coitada.*

Viva-se com um ruído desses. E é um *átomo* apenas, de um dos mitos da mitologia familiar. A proporção em que entra no tornar-se mulher, ninguém sabe. Se um mito já é célula morta, ninguém sabe também a quantas outras deu origem. Vivem essas? Quem sabe? Só a crosta congelada, matéria de narrativa, pode tornar-se objeto de estudo. Na leitura dessa história de Miquelina, a teoria psicodramática pode estudar o material, desvendar suas conservas de sentidos articulados ou fazer outras provas de alcance dos conceitos. Na terapia psicodramática, o mito pode reviver. Protagonista, vivo a beleza, o desgosto, o mistério, a vocação, a doença, o abandono, a morte de Miquelina. Posso matar a partícula fantasmagórica do mito. Posso renascer com um sorriso próprio, iniciar outro jogo de cintura. Isso é possível, se o mito não sabido irrompe na cena. Isso também é possível se o mito sabido desfaz-se na cena e permite entrever *cachos* de seus papéis familiares.

— Como era a vida da tia Miquelina no convento? — Não se chamava mais Miquelina. — Puseram outro nome? — Puseram, mas ninguém sabe mais qual era. Tinha de cortar o cabelo e mudar de nome. — E o cabelo dela era comprido? — Era. E bem bonito. Tinha de cortar quase careca. Não quis saber mais. Vontade de saber, quase de estudo. Vontade de não saber, medo de morrer de medo. Desconhecimento atingido, tentáculos do mito crescendo no escuro.

Falamos de fantasmas do ponto de vista assombrado de uma

única pessoa. Mas o exemplo de mito aqui utilizado deve permitir entrever a universalidade de mitos da mãe, das mitologias de família que mãe e pai transmitem, que, em última análise, são indissociáveis da *matriz de identidade*.

Uma vivência psicodramática dos conflitos familiares — A transferência vaga.

Visando chamar a atenção para as possibilidades da terapia familiar psicodramática e criar uma forma atual de ensino do psicodrama, o grupo "Vagas estrelas"[1] vem apresentando e realizando certo trabalho. Meios sintéticos e artísticos de apresentação do *drama familiar* utilizam cinema, vídeo, música, teatro e psicodrama para promover o diálogo entre várias linguagens e tirar vantagem da compreensão criativa que ele pode estimular. São apresentadas uma seqüência dramática, cenas extraídas de *Vaghe stelle dell'Orsa*, filme de Luchino Visconti (Itália, 1965), e cenas representadas pelo grupo e gravadas em vídeo. Não cabe descrever aqui o modo pelo qual se dá a composição das várias linguagens. Cumpre assinalar que Visconti se inspirou em Sófocles para criar sua *Electra* moderna. Por intermédio de uma família contemporânea, sua obra-prima mostra imagens dramáticas dos Átridas, a família da mitologia grega famosa por seu trágico destino. Presentifica um drama de origem antiqüíssima, que se desenrola de modo atual.

No italiano clássico, sobretudo no do poeta Giacomo Leopardi[2], *vaghe* significa *belas*. Mas, para o italiano contemporâneo, existe também o sentido equivalente ao de *vagas*, em português. Esta foi a palavra usada no título do filme no Brasil. Cremos que o teatro e o psicodrama devem muito aos saltimbancos, ao que *salta in banco* e ao errante. Nosso grupo põe-se em movimento, age, jogando com os sentidos de *vagas*. Segue estrelas vagamente vislumbradas que vagam. *Vagam*, movendo-se como os mitos familiares, de uma gera-

---

1. Anna Luiza Tarabay, Anna Maria Abreu Costa Knobel, Annita Belgallo Costa Malufe, Camila Salles Gonçalves, Carlos Alberto Borba, Elisa Parayba Campos, José de Souza Fonseca, Marcia Pereira Barreto, Maria da Glória Hazan, Ronaldo Pamplona e Terezinha Tomé Baptista.
2. 1798-1873.

ção para outra, de uma pessoa para outra, de uma relação para outra, de uma província para outra. *Transferem-se. Deslocam-se.* Aparecem em diversos pontos das relações, alternadamente. Acham-se espalhados ou disseminados por vários sítios ou lugares. E tudo se dá de maneira difícil de determinar, *imprecisa.*

O percurso das idéias compartilhadas pelo grupo "Vagas estrelas", por outro lado, tem como fonte inicial, *precisamente*, as origens do psicodrama. O caso Bárbara propiciou a Moreno a *mise-en-scène* de papéis brotados na escuridão do mito. Afinal, por que Bárbara queria desempenhar papéis agressivos, papéis de prostituta, e nem sabia que queria? Relembremos as palavras de Moreno:

> Quando apareceu a atriz (Bárbara), eu lhe disse que tinha a impressão de que pelo menos por uma vez deveria oferecer ao público algo novo e que ela não deveria se reduzir demasiado unilateralmente a representar papéis de mulheres honoráveis. Ela acolheu entusiasmada a proposta e improvisou com uma colega uma cena na qual ela representava uma mulher da rua. Desempenhou o papel de um caráter *ordinário* tão autêntico, que não havia quem não reconhecesse esse caráter. (...) Desde então, representou preferencialmente esses papéis (Moreno, 1975).

Se, nesse caso inaugural, não se formularam perguntas sobre o *átomo social* da protagonista, em *Psicodrama de um casamento* (Moreno, 1966), notamos que a rede fantasmagórica familiar se impõe. Ao trabalhar com um protagonista, Moreno é levado a um psicodrama de casal que se revela como psicodrama de triângulo amoroso e tem como pano de fundo os dramas familiares dos protagonistas. Acompanhemos um momento do trabalho de Moreno, "o médico":

> Médico (para Franck) — Você crê que Anna pressentia seus sentimentos em relação a Ellen?
> Franck — Creio que não. Mas não tenho certeza. Deve ter desconfiado de alguma coisa o tempo todo.
> Médico — Nessa época, vocês viviam com a família de Anna?
> Franck — Sim.

Médico — E você sentiu certa antipatia por essa família?

Franck — (A antipatia) já existia antes. Mas eu a sentia o tempo todo.

Médico — E transferiu para Anna os sentimentos contra a família?

* * *

Médico (para Ellen) — (...) Por acaso você pensa em estar tirando o marido de outra mulher? É isso? Você tem medo de que esse homem permaneça sempre ligado a outra mulher? Isso a deixa insegura? (*Faz uma pausa para que ela responda, mas ela permanece calada.*) Quem sabe, você quer consegui-lo sem lutar? Quem sabe, você está cansada de viver sozinha e quer um companheiro?

Ellen — (...) Talvez. (*Cala-se novamente. Seu silêncio produz tensão no grupo; o médico muda repentinamente a direção da conversa.*)

Médico — Você viveu muito tempo só, sem família?

Ellen — Minha mãe ainda é viva, meu pai morreu. Eu me sentia muito próxima de meu pai.

Médico — Quando morreu seu pai?

Ellen — No inverno passado.

Médico — Você tem irmãos?

Ellen — Eu era a mais velha. Minhas duas irmãs menores morreram.

Médico — Qual era a profissão de seu pai?

Ellen — Era advogado.

Médico — De que morreu seu pai? Com que idade?

Ellen — Morreu aos 56 anos, do coração.

Médico — Como foi que seu pai e sua mãe se conheceram?

Ellen — Vieram da mesma cidadezinha do Texas. Devem ter se encontrado em uma reunião social.

Médico — O primeiro encontro é sempre importante. Como foi que você encontrou Franck? Escolha uma situação para representar esse primeiro encontro (...).

Ao se especificar como psicoterapia de grupo, o psicodrama revelou-se como terapia de família. Moreno chegou a escrever:

A família, por exemplo, pode ser concebida como um grupo existencial. (...) As pessoas representam diante de si mesmas a vida que antes viveram por necessidade, mas agora, como engano consciente. O lugar do conflito e o teatro são o mesmo: a casa em que vivem (Moreno, 1966).

Por meio do grupo existencial, o psicodrama atingiu a mitologia familiar. Tudo indica que não temos necessidade de importar outras concepções de terapia familiar antes da exploração efetivamente psicodramática dessa mitologia. Em outro pequeno ensaio (Masson, 1986), já abordei a relação do psicodrama com a tragédia grega e com a revolução criadora moreniana na arte teatral. Não pretendo, portanto, retomar agora a *Poética* de Aristóteles, nem as origens do teatro. Viso apenas à observação a respeito da abordagem psicodramática da tragédia familiar: parece produtivo sustentar a afirmação segundo a qual, também no psicodrama, o mito se revela como matéria-prima da tragédia.

Todos sabemos o papel que representou o mito de Édipo na formulação da teoria psicanalítica. Mas parece oportuno lembrar que Freud, nas primeiras elucubrações a respeito, registradas em sua correspondência com Fliess (Salles Gonçalves, 1995), referia-se ao *Édipo* de Sófocles e ao *Hamlet* de Shakespeare. Ambas as tragédias, como é inevitável, trazem a intensidade de ligações com figuras parentais, cujo destino é o ato de matar alguém da família e a si mesmo. No caso de Hamlet, mãe e Ofélia são mutuamente colaboradoras, têm planos para a reintegração de Hamlet no átomo familiar profundamente alterado. O príncipe está a serviço do desejo do pai assassinado, o que elas ignoram. O fantasma do pai de Hamlet fazia aparições atormentadas, em busca do encontro com o filho. Para o doce príncipe da Dinamarca, encontro com a dor do fantasma traz desintegração. Filho da rainha, sobrinho do rei, namorado de Ofélia, amigo de Laerte são papéis que se desmancham. Confusão. Por engano, mata Polônio, o pai de Ofélia, que escutava atrás das cortinas. Ao se referir a esse episódio, em sua carta, Freud engana-se e se refere a Hamlet ter matado Laerte, o irmão de Ofélia. Nesse equívoco, Hamlet mata, portanto o cunhado. Trata-se de um erro da vida cotidiana, que pode ocorrer na correspondência íntima ou no rascunho de qualquer grande pensador. O interessante desse erro é que ele aponta para linhas de desfecho possíveis da tragédia familiar que se vai armando, para as projeções que fazemos em relação a personagens que a cultura nos transmite.

Transposto para o teatro moreniano, o erro de Freud representa o desejável e o que deve ter prioridade. Para o psicodrama, não há por que conservar um *script*. Sabemos que, nos primórdios do teatro espontâneo, a *conserva cultural* era pedestal para o aquecimento da criatividade dos atores. Segundo Moreno,

> No teatro da espontaneidade pomos fim a esse dilema entre o drama espontâneo e a rígida conserva dramática. Demo-nos conta de que podemos liberar o ator dos clichês por meio do improviso, uma vez que já o saturamos continuamente com os clichês, os clichês de Romeu, rei Lear, Macbeth. Foi um passo importante, o de decidirmos abandonar totalmente os clichês de papéis, permitir à participação ser inteiramente criadora e espontânea e desenvolver papéis *in status nascendi*. Assim como Stanislavski foi um adepto consciente da conserva dramática, nós nos fizemos protagonistas conscientes do teatro espontâneo (Moreno, 1975).

A versão viscontiana de *Electra*, transposta para a cidade etrusca Volterra, nos anos 60, é deliberadamente infiel aos roteiros clássicos inspirados no mito grego. Apresenta-nos os irmãos Gianni e Sandra; Andrew, o marido americano desta; Corina, a mãe pianista psiquicamente enferma; Gilardini, seu marido e padrasto dos irmãos; Fosca, a velha empregada da família, e referências ao pai, cientista judeu morto no campo de concentração. Sandra e Andrew dão uma festa para despedir-se dos amigos em Genebra, pois estão de mudança para Nova York. No dia seguinte, viajam de carro para Volterra, onde pretendem ficar por pouco tempo. Deverá ser o suficiente para que Sandra assine os papéis de doação do jardim, que faz parte da propriedade de sua família, e participe da inauguração do busto de seu pai nesse local, que se tornará um parque público.

Ao se reencontrar com a família, principalmente com o irmão, Sandra vai sendo tomada por velhas histórias e pelo desejo de vingança dirigido à mãe e ao padrasto, que acredita terem denunciado seu pai para os nazistas. O clima do estranho palácio familiar, a presença do cunhado, o sentido atribuído por Sandra à cerimônia no jardim parecem desencadear o retorno da paixão infanto-juvenil que Gianni teria tido pela irmã. Ameaçado pela presença dos irmãos, acuado pelas insinuações de Sandra, Gilardini, por sua vez, ameaça também fazer revelações sinistras, sugerindo sobretudo que os irmãos mantiveram relações incestuosas.

Ao visitar a mãe na clínica, Sandra é incapaz de disfarçar sua hostilidade. Depois, passa a ser assaltada por imagens e falas acusadoras da mãe, pelo desprezo enlouquecido que ela expressa pelo "sangue judeu" do marido morto. Seu sentimento de perseguição aumenta quando Gianni a faz ler o livro que escreveu sobre a adolescência vivida na mansão familiar e nos abismos de Volterra. Ele pretende dar ao livro o título *Vaghe stelle dell'Orsa*, retirado do primeiro verso de *Le Ricordanze*[3], poema de Giacomo Leopardi. Sandra teme que esse romance se transforme em uma arma nas mãos de seus inimigos. Tudo indica que Fosca conhece os segredos de todos, mas não os revela, e que tem, para com Gianni, uma atitude de proteção e de cumplicidade.

Pouco a pouco, deixando-se ficar intrigado e desconfiado, Andrew vai se tornando cada vez mais ciumento e indignado; chega a agredir violentamente o cunhado que lhe dissera, ao lhe mostrar a cidade, por ocasião de sua chegada, que *as histórias da província são as mesmas, em qualquer parte do mundo. As mesmas paixões exasperadas, os fantasmas que parecem impossíveis (inverossímeis) quando estamos longe, se retornamos, voltam a nos envolver, mesmo se cem anos tiverem se passado.*

Nas últimas cenas, Andrew deixa uma carta para Sandra, dizendo que a espera em Nova York, e parte sozinho. Gianni queima seu livro, tenta convencer a irmã a ficar com ele na casa paterna e ela o rejeita. A tragédia se cumpre, enquanto Sandra se prepara para a cerimônia, cujo sentido manifesto é a inauguração da estátua no jardim. Ela se lava, utiliza brancas toalhas e veste-se de branco, de luto bran-

---

3. O início do poema é *Vaghe stelle dell'Orsa, io non credea / tornare ancor per uso a contemplarvi / sul paterno giardino scintillanti, / e ragionar con voi dalle finestri / di questo albergo ove abitai fanciullo, / e delle gioei miei vidi la fine.*
Tendo como critério principal a expressão dramática da personagem, Gianni, que diz esses versos, traduzi: Vagas estrelas da Ursa, eu não cria voltar a vos contemplar, no jardim paterno cintilantes e conversar convosco das janelas deste abrigo que habitei criança, onde das alegrias vi o fim.

co, talvez. Sem que nem mesmo Fosca chegue para ajudá-lo, Gianni está morrendo[4], sentindo o efeito dos comprimidos com que há muitos anos ameaçava se suicidar.

O grupo de atores psicodramatistas apresenta-se, assim, segundo um *script* teatral, no qual se mostram aspectos da dinâmica familiar. Após a representação do drama, na segunda parte do trabalho, protagonistas emergentes do público são convidados a participar. Poderão desempenhar papéis das personagens e/ou buscar meios de transformar a dinâmica da família de *ficção*. São convidados a *entrar na história*. Trata-se de um trabalho que reúne teatro experimental e psicodrama. Algumas pessoas chamaram a primeira parte de "teatro convencional". Tudo leva a crer que, em rigor, essa nomeação não é compatível com um trabalho inspirado na releitura de Stanislavski confrontado com Moreno. Com efeito, segundo Moreno, no método de Stanislavski, "o improviso é um complemento da finalidade de representar um grande Romeu ou um grande rei Lear. O elemento da espontaneidade está aí para servir à conserva cultural, para revitalizá-la".

O trabalho do grupo "Vagas estrelas" não pretende esquecer as diferenças apontadas por Moreno, pretende *maximizá-las*. Não propõe que surjam *diretores* da platéia, alterando os papéis dos atores que já se apresentaram. Pretende que, da platéia, emerjam *atores* espontâneos. Acolhe o questionamento da platéia, inclusive o de tom irritado. É provável que este seja despertado pelo paradoxo de conhecidos terapeutas psicodrama-

---

4. Na adaptação dramática do roteiro, introduzi, na cena final, como elemento que é mais do que mero fundo musical, a ária da morte de Mario Cavaradossi, da ópera *Tosca*, de Puccini, fazendo um jogo intertextual entre seus versos e os de Leopardi. A letra da ária diz: *E lucevan le stelle, / e olezzava la terra, stridea l'uscio dell'orto / e un passo sfiorava la rena, / entrava ella, fragrante, / me cadea fra le braccia. / Oh! dolci baci, o languide carezze, / mentr'io fremente / le belle forme discioglica dai veli! / Svani per sempre il sogno mio d'amore, / l'ora é fuggita, e muoio disperato, / e muoio disperato, e non ho amato mai tanto la vita, / tanto la vita!* (E brilhavam as estrelas e a terra exalava seu perfume; rangia o portão do jardim, e um passo roçava a areia; entrava ela, perfumada, caía-me entre os braços. Ó! Doces beijos, ó lânguidas carícias; enquanto eu fremente as belas formas despojava dos véus! Desapareceu para sempre o meu sonho de amor. O momento evolou-se, e morro desesperado, e morro desesperado, e nunca amei tanto a vida, tanto a vida!). (Tradução de Mário Willmersdorf Jr., 1987 — libreto que acompanha a gravação com Kiri Te Kanawa, Giacomo Aragall, entre outros, da PolyGram.)

tistas desempenharem papéis sem alterar as características iniciais de suas personagens. Dispõem-se a mantê-las, até mesmo durante a segunda parte do trabalho, o psicodrama, apesar do forte apelo representado pelos contrapapéis dos protagonistas, muitas vezes pungentes.

Por intermédio da ficção encenada, talvez possamos chegar a uma tênue visão dos limites do psicodrama e de outras terapias. Por outro lado, talvez possamos vislumbrar a força de seus recursos. Aprendemos, presenciamos e testemunhamos, em nossa prática psicodramática, momentos em que a mudança de atitude do protagonista acarreta a mudança de atitude do antagonista ou do papel complementar. E vice-versa. A técnica de *interpolação de resistências*, por exemplo, dá chance ao vice-versa. Dá muita chance aos *normóticos*, alguma aos neuróticos. Mas é mera técnica. Não pode, enquanto tal, desfazer a *facticidade*, que é um modo de ser da *existência*, presente a si por uma necessidade de fato. Fatos são inevitáveis, mas não há sentido predeterminado para as formas pelas quais somos lançados nas situações. As formas que a existência assume são *contingentes*, gratuitas. São limitadas pela inserção na estrutura social, é verdade, mas a partir daí desenhadas pela espontaneidade presente nos projetos do desejo.

Há guerras no mundo. No Brasil houve a Guerra Civil, oculta e negada pela ditadura torturadora. No mundo existe a perda, a violência, a doença mental. A *facticidade* é um limite para o *faz-de-conta* do psicodrama. Por sua inspiração no existencialismo, o psicodrama tem o legítimo projeto de *responder* (de *responsabilidade*) aos fatos com o resgate da *espontaneidade*. Para tratar o protagonista por meio da *espontaneidade*, para *educá-lo* (*auxiliar no desenvolvimento*), o psicodrama precisa colher o que ainda pulsa na adversidade. Quando realizamos a vivência que também tem o nome de *a transferência vaga*, o protagonista que emerge da platéia só vai encontrar *outra* Sandra se se dispuser a desempenhar o papel que imagina ou deseja. Também não pode apenas exigir a transformação da mãe e simplesmente aguardar que surja uma Corina-mãe-pianista isenta dos traços de loucura e das palavras acusadoras. Ou descobre uma brecha no não-definido, ou refaz a história de Sandra, apesar de a mãe ser irremediavelmente aquela e de muitos outros fatos não poderem ser mudados. Terrível e frustrador? É.

Se tudo se move, como pode um protagonista agir? O que é o homem em situação, se a situação não tem contornos? O roteiro que extraímos da obra-prima de Visconti mantém um eixo *factual*: a guerra aconteceu, fascistas entregaram cientistas e intelectuais judeus aos nazistas, o pai de Sandra e de Gianni morreu no campo de concentração, sua mãe enlouqueceu. Órfãos entre a infância e a adolescência, desamparados em um mundo bombardeado, os irmãos tiveram um padrasto suspeito, oriundo de *átomo social* inteiramente outro. *Nada disto pode ser alterado*. O sentido que cada um dos irmãos dá aos *fatos*, os fantasmas que deles brotam ora são comuns, ora exclusivos. Ninguém poderá fazer uma lista exaustiva dos sentidos, nem decidir sobre sua veracidade ou falsidade. Ninguém. Nem as personagens, nem os espectadores. Com nossos clientes e educandos, a situação é semelhante.

A ambigüidade das personagens criadas por Visconti, que reinterpretamos, é um dos motivos importantes de o grupo "Vagas estrelas" ter escolhido sua trama. Às vezes, as pessoas querem que se revele se houve ou não incesto, denúncia, traição. A apresentação dramática pretende-se suficientemente *vaga* a respeito. Esse *não-fechamento*, essa imprecisão, foi apontado por certa crítica cinematográfica dos anos 60[5] como defeito do filme. Do ponto de vista de um trabalho

---

5. "A história do filme é vaga e confusa e o espectador — como o marido de Sandra, um americano que se viu imerso em um mundo estranho e incompreensível para ele — não conseguirá decifrar enigma algum dentre aqueles pelos quais se vê envolto (...) É a família Wald Luzzati vítima de um malefício, de uma predestinação, como a Volterra etrusca ou, pelo contrário, sua destruição é conseqüência de sua corrupção? É realmente uma família corrompida ou, talvez, simplesmente desgraçada ou se trata de um processo inevitável de decadência? Realmente foram a mulher e seu amante que denunciaram o cientista judeu? O ódio que a mãe e o padrasto sentem por Gianni e Sandra é motivado por ambos serem testemunhas de sua maldade ou é causado pela repulsa que lhes inspira sua corrupção? Houve realmente incesto entre os irmãos ou o que os une foi no princípio um sentimento instintivo de defesa diante de um mundo hostil e acabou se convertendo em um sentimento mórbido e ambíguo? O livro de Gianni é realmente uma confissão, uma autobiografia? No caso de ser autêntico o incesto descrito no livro, deve-se considerar o livro como uma tentativa de libertação ou de chantagem? Sandra irá se reunir novamente com seu marido, libertando-se da nostálgica atração do mundo decadente de sua infância, ou devemos considerá-la como condenada sem remissão a continuar em Volterra e converter-se em testemunha de sua destruição?" (Alfonso García Seguí, "Vaghe stelle dell'Orsa... Decadência ou nostalgia no filme de Visconti?", in: *Hermosas estrellas de la Orsa*, Colección Voz Imagen, serie cine-22, Barcelona, Aymá S.A., 1968.)

sobre a vida psíquica e relacional, é, pelo contrário, uma virtude e a mais desejável, pois o drama oferece-se para as projeções, identificações e fantasias para a platéia.

Cada protagonista do psicodrama que se segue à apresentação de *Belas/Vagas estrelas da Ursa* penetra naquilo que a tragédia familiar tem de universal. Cada participante comprometido atua num psicodrama público. Mas, nesse psicodrama público, a singularidade de sua história pessoal não precisa ser revelada publicamente. A vivência proposta pelo grupo "Vagas estrelas" tem objetivos pedagógicos bem definidos. É terapêutica? Pode ser. Tem a possibilidade de ser *ato terapêutico* e de propiciar a *catarse de integração*. Mas, se, contando com a atuação de terapeutas experientes, pode ter esse efeito, ainda assim pretende dispensar a revelação da história e da situação atual do protagonista. Os participantes que emergem da platéia para penetrar na tragédia universal expressam e compartilham os afetos dominantes dos presentes. Sua aparição e permanência no palco sustentam-se quando também emerge uma *rede télica* concomitante. Pudemos observar que o público supera a inércia e o anonimato ao dar continência à personagem que dele emerge. O *aglomerado* faz-se *grupo*.

A transferência do grupo caminha de uma personagem para outra, isto é, vaga de um seu representante para outro. O grupo transfere afetos. Libera afetos que vagam, do mais ancestral ao mais presente. *Sem palavras*, talvez desmanche transferências-distorções e evoque irmãos *desassombrados*. Ainda assim, o psicodrama não terá deixado de *fazer de conta*. Terá feito de conta que podemos *penetrar no passado*, que podemos *tornar a vivê-lo*. Terá criado um *mundo auxiliar*, para que possamos desdramatizar sentidos dados ao passado. "*Meu passado é aquilo que eu carrego, sem poder vivê-lo*" (Sartre, 1966). Se essa formulação de Sartre nos ajuda a refletir, talvez compreendamos em que sentido o psicodrama *não* nos pode levar a *reviver o passado*, nem a alterar *o que já vivemos*. Mas, também, talvez reconheçamos que o método psicodramático nos permite atuar *como se* houvesse uma reversibilidade de nosso ser temporal.

Se cremos, durante a ilusão *ensinadora*, rever belas ou nebulosas estrelas de um jardim paterno nostálgico, talvez possamos entrever seu sentido. Ele está na vivência do que doeu, trouxe gozo, marcas de amor e velhas histórias. O sentido faz o projeto, contorno aberto do futuro, que arranca assombrado do passado ou que admite luz nova. Todo passado é história fechada. Se corresponde a um lugar mítico, é nele que fantasmas nos envolvem. Só um método transgressor como o psicodrama, fundado na inexistência do indivíduo fora do *socius*, pode se pôr à sua caça. O psicodrama transgride. Adentra sem restrições um mundo imaginário, decide que esse é o melhor dos mundos possíveis para a sua atuação. Parte da convicção de que clientes, alunos, grupos os mais diversos, nele encontrarão condições para a vida criativa no mundo de verdade. A ação psicodramática permite uma investigação existencial da geração dos mitos que produzem e consomem nosso cotidiano.

REFERÊNCIAS BIBLIOGRÁFICAS

MASSON, J. M. *A correspondência completa de S. Freud para W. Fliess*. Rio de Janeiro, Imago, 1986.

MORENO, J. L. *Psicodrama*. São Paulo, Cultrix, 1975.

_____. *Psicoterapia de grupo e psicodrama*. México, Fondo de Cultura Económica, 1966.

SALLES GONÇALVES, C. Compaixão e terror no psicodrama. *In*: *Revista Brasileira de Psicodrama*, v. 3, fasc. 1, 1995, pp. 37-41.

SARTRE, J. P. *L'être et le néant*. Paris, Gallimard, 1966.

15

Procedimentos grupais para usos didático e operativo

Wilson Castello de Almeida*

INTRODUÇÃO

É pertinente a curiosidade do estudante que quer saber, num relance, os modos de intervenção do psicodrama, junto com outras vertentes do conhecimento, no trabalho didático com grupos que se reúnem para uma aprendizagem, uma vivência, uma reflexão.

Quando pretendemos nos identificar como psicodramatistas, devemos nos referir sempre à matéria de nossos cuidados, o pequeno grupo social. E os vários modos de fazer uma adequada leitura dos fenômenos microgrupais nos confirmam a idéia de que o estudo de sua dinâmica é, hoje, verdadeira ciência. A sociopsicologia das massas tem referência diversa, a ser encontrada nas macroanálises de Le Bon, Freud, Marx, Cooley, Durkheim e outros. Moreno é outra coisa.

O microgrupo é configuração social carregada de condição humana, particularizada numa intimidade peculiar, mas, ao mesmo tempo, bombardeada pelos processos sociais maiores, como o é a "sociedade de consumo", dos tempos atuais. De certa forma, estou dizendo que o pequeno grupo social precisa ser contextualizado, para se ter clara a sua constituição, os seus limites, os seus objetivos, a sua gramática e a sua cena.

---

* Médico, psicoterapeuta. Mestre em psiquiatria pela USP. Psicodramatista pela SOPSP/Febrap.

J. L. Moreno trouxe essencial contribuição a essas preocupações com a Teoria Socionômica (o velho e bom psicodrama) no qual "inventou" o Homem Relacional, que nasce em sociedade e necessita dos outros para sobreviver (*Who shall survive?*). Daí expandiu suas idéias na perspectiva das relações interpessoais, do desenvolvimento de papéis, do teste sociométrico e da dinâmica grupal.

A aplicação do método psicodramático tem lista longa. Recorrome, para clarear a memória, ao livro *Lições de psicodrama*: o psicodrama pode ser utilizado como psicoterapia processual, sistematizada, de grupo ou individual, como psicoterapia breve, como "ato terapêutico", como estudo diagnóstico de indivíduos, grupos e instituições, como processo pedagógico, como metodologia de ensino, como treinamento de lideranças grupais e comunitárias, como processo de aperfeiçoamento das relações humanas em casa, no trabalho, na escola e no convívio social.

O último capítulo deste livro pretende apresentar, de forma enxuta e sucinta, quase como um apontamento, a proposta que tange aos aspectos pedagógicos e operativos do psicodrama, atrelada a outras formas de trabalho grupal, que vão da aula tradicional às vivências existenciais. Vamos lá.

AULA

É a lição apresentada em forma de discurso com a finalidade de expor, refletir, repetir e agregar os temas de uma disciplina para uma platéia de alunos até então leigos. Perguntas e respostas são permitidas para clarear a exposição desde que não fujam do assunto central. Para enriquecer a exposição utiliza-se material elucidativo.

PALESTRA

Trata-se de uma preleção simples e informal, muito próxima da aula. Na palestra estimulam-se o debate e a troca de idéias entre preletor e ouvintes, podendo-se fugir do tema central, "viajando" em torno da motivação despertada pelo que foi discorrido.

MESA-REDONDA

É uma forma de palestra ampliada no número de participantes em torno de um mesmo tema. O tempo cedido a cada participante é limitado. Deve-se evitar o excesso de participantes e não deixar que o tempo total da apresentação ultrapasse noventa minutos.

Haverá um presidente da mesa, cargo honroso que premia o convidado; um "comentador", que faz uma sinopse clara do que foi falado e emite perguntas iniciais aos participantes, provocando, questionando e, por fim, ampliando o debate para a participação de todos.

A coordenação dos debates caberá ao presidente, que terá autoridade para dar e retirar a palavra, arbitrar o tempo, conforme seu entendimento, para o bom ritmo do trabalho.

PAINEL

Semelhante à mesa-redonda, com a característica de que no painel os preletores devem usar material didático de apresentação: quadro-negro, cartazes, projeções etc. Por isso, chama-se *painel*, que significa: cena, espetáculo, vista.

PÔSTER OU MURAL

Trata-se de um painel sem o discorrer verbal. Em lugar devidamente preparado são expostos resumos, gráficos, desenhos que dizem respeito ao trabalho em desenvolvimento.

As pessoas interessadas, depois da apreciação do mural, abordam o autor que deve estar presente em hora marcada. Eventualmente, procuram o autor para uma conversa de corredor ou se utilizam de cartas, e-mail ou até do telefone, por que não?

CONFERÊNCIA

Preleção feita por profissional consagrado, sobre tema de sua especialidade, para um auditório já iniciado e interessado no assunto.

As perguntas serão permitidas dependendo do *status* do conferencista; nomes reverenciados geralmente são poupados de interrogações. O tempo gira em torno de sessenta minutos.

FÓRUM

É o acontecimento que se dá em seguimento a uma conferência. A partir dela, profissionais, do mesmo estofo do conferencista, fazem réplicas ao assunto tratado, em outras conferências, de forma múltipla e sob outros pontos de vista.

Todas as apresentações serão concatenadas por um fio coerente que busca o crescimento e o enriquecimento do temário em pauta.

SEMINÁRIO

Também chamado "grupo de estudos" ou "círculos de reflexão". Nele todos os participantes discutem, em igualdade de condições, subtemas preparados anteriormente a respeito de um tema central.

Um coordenador rege a dinâmica de funcionamento do grupo, dando e retirando a palavra, arbitrando o tempo de cada orador, sempre com a finalidade do bom aproveitamento do estudo feito. O tempo global é de mais ou menos duas horas para cada atividade proposta. Cada atividade pode limitar-se a uma única sessão, ocorrer alguns dias seguidos, bem definidos, ou se dar uma vez por semana, prolongando-se durante o ano letivo.

Os participantes do grupo, a partir de sua dinâmica, decidem temas do estudo, tarefas e funcionamento. À semelhança do que ocorre nos grupos operativos, muitas vezes o coordenador tem de trabalhar a dinâmica afetiva do grupo, de modo a torná-lo ágil e desimpedido de resistências (no sentido psicodramático).

CICLO DE DEBATES

Trata-se de uma série de reuniões em torno de um ou mais temas, que se abrem para diversas discussões. Por ser um "ciclo", entendese que serão feitas várias atividades, semanais ou mensais, com capacidade de abordar, se possível, todos os vértices do assunto. As técnicas usuais são as da palestra ou da mesa-redonda.

GRUPO DE DISCUSSÃO ("BARRACO")

Trata-se de uma discussão livre, sem finalidade conclusiva, apenas para trocar idéias e marcar posições doutrinárias em torno de um ou mais temas correlatos. Os participantes não devem exceder a dez, e o coordenador deve ser tarimbado porque não é tarefa fácil.

SIMPÓSIO

É o modo de organização mais complexo de trabalho grupal com finalidade didática. Desdobra-se em duas fases: uma anterior e externa ao simpósio, outra durante a sua realização.

Estabelecido o tema central, inicialmente o coordenador enviará aos participantes convidados duas perguntas, com bastante antecedência, que deverão ser respondidas em tempo hábil, sucintamente. O coordenador estudará as respostas fundindo-as em um resumo conclusivo.

Ao mesmo tempo, cada participante fará duas perguntas sobre o tema central aos colegas do simpósio. As respostas deverão ser devolvidas a cada participante, ao colega que perguntou, e este as estudará, fundindo-as também em resumo conclusivo.

No dia do simpósio, a começar pelo coordenador, cada um fará a exposição das perguntas feitas com as respostas estudadas e resumidas.

Em seguida, será feita uma pausa para que o auditório faça suas perguntas por escrito aos diversos participantes. Segue-se o tempo de a mesa responder por intermédio dos participantes questionados.

Trata-se de atividade trabalhosa que, além de tempo hábil para sua preparação, necessita de bastante tempo para o simpósio propriamente dito (uma manhã ou uma tarde [três a quatro horas]). O número de participantes da mesa, incluindo o coordenador, não deve ultrapassar a cinco pessoas.

AQUÁRIO

Um grupo de especialistas fala sobre uma proposição, cada qual com seu olhar técnico ou doutrinário.

Os debates ficam restritos aos participantes da mesa, dirigidos por um coordenador. O tempo total deve girar em torno de noventa minutos.

Para que haja interesse da platéia, é de boa norma que todos recebam, anteriormente, cópias dos textos escritos e que o debate seja privilegiado com um bom sistema acústico.

Os debatedores ficam em círculo e a platéia ao seu redor, ao modo do "teatro de arena". Não há participação do público nos debates (*sorry!*).

WORKSHOP, OFICINA OU CLÍNICA

É a troca de experiências que permite treinamento em torno de uma teoria, de uma técnica ou de um método, ocupando espaço de tempo relativamente longo (um fim de semana, por exemplo) com intervalo para café, lanche ou almoço. O diretor da clínica deve ser especialista no assunto em pauta, ter bom desempenho como animador de grupos e saber motivar os participantes para uma aprendizagem baseada em estímulos afetivos.

Durante a clínica o diretor usará várias técnicas grupais com inspiração na vivência psicodramática, na gestalt, nos grupos operativos e nas técnicas de sensibilização.

T GROUP (KURT-LEWIN)

Consiste em um grupo com sete a 12 pessoas, para pesquisar a dinâmica, a autenticidade, o clima emocional, as lideranças, os objetivos, a estrutura e a criatividade que venham a ocorrer entre os membros desse grupo no "aqui-e-agora" da situação. Um coordenador aponta para o grupo o que vai acontecendo durante a sessão de duas horas, e um observador, não-participante, faz as anotações para passá-las ao coordenador, em momento posterior, como *feedblack*.

O T GROUP origina-se das idéias de Kurt Lewin, mas hoje pode ser enriquecido com as técnicas psicodramáticas.

GRUPO DE SENSIBILIZAÇÃO

Também chamado "laboratório de sensibilidade", é o somatório de várias técnicas grupais para buscar um resultado de treinamento com vários fins. Combinam-se T GROUP, exercícios de comunicação, aulas, palestras, filmes, vídeo, dramatizações, teatro espontâneo e psicodrama.

COLÓQUIO DE COMPARTILHAR E ESCLARECER

Um profissional é convidado para ficar à disposição de um auditório interessado, por cerca de noventa minutos, para responder a questionamentos e curiosidades referentes à sua área de trabalho.

COLÓQUIO DE ATUALIZAÇÃO

Um profissional é convidado para ficar à disposição do auditório, por cerca de noventa minutos, para responder às perguntas feitas na hora, sobre interesses estabelecidos, como forma de conhecer as novidades da área. Os colóquios também são chamados de "conversas".

TEMAS LIVRES

Reuniões em que se possibilita a apresentação de "notas prévias" ou "comunicações" que não devem passar de 15 minutos. Vários trabalhos são apresentados em uma mesma reunião, não devendo exceder a oito, para duas horas de atividade.

As "notas prévias" referem-se a artigos curtos, que notificam temas em andamento, com o propósito de serem concluídos posteriormente. Devem ser apresentados com a configuração de um artigo em desenvolvimento.

As "comunicações" são relatos breves sobre uma atividade, prática ou teórica, que o comunicador esteja desenvolvendo e que seja de interesse da comunidade intelectual tomar conhecimento.

"ESCRITOS"

Uma criação do movimento psicodramático para estimular a produção escrita a ser levada a debate em seus congressos. Foi experimentada pela primeira vez no Congresso de Águas de São Pedro (1996). A atividade constitui-se em reuniões que possibilitam a leitura de um texto maior que a dos temas livres (até vinte páginas), não devendo exceder trinta minutos a apresentação de cada produção.

GRUPO OPERATIVO (PICHON-RIVIÈRE)

A experiência pretende atender a grupos nos quais a máxima heterogeneidade dos participantes resulte em máxima homogeneidade no cumprimento da tarefa proposta.

O GO sempre terá um coordenador, com experiência de grupo, que trabalhará no sentido de criar, manter e fomentar a comunicação para possibilitar a coincidência entre didática, aprendizagem e operatividade grupal. O GO terá ainda um observador participante, que dará subsídios ao coordenador e evitará o "fechamento" do grupo diante de discussões difíceis, estéreis e frontais.

Coordenador e observador estarão sempre atentos aos níveis de ansiedade do grupo que venham a transformá-lo em sistema rígido, e com o círculo vicioso de funcionamento. A idéia do GO é de que possa funcionar com criatividade, movimentando-se com espontaneidade entre o pensamento vulgar e o pensamento científico.

O propósito do GO é sempre o de ensinar, aprender ou executar tarefas concretas: institucionais, comerciais ou escolares.

Em geral, o GO funciona com cerca de 15 componentes, em reuniões de tempo limitado de duas a três horas, e ao longo de dias, semanas ou meses.

No GO podem ser inseridas contribuições psicodramáticas.

SUPERVISÃO

Deve caracterizar-se por uma reunião grupal, na qual vai ocorrer uma troca de práticas entre supervisor e supervisionados. A boa supervisão não se prende a padrões rígidos, mas compartilha princípios. Na supervisão psicodramática são usados, de preferência, recursos psicodramáticos, entre eles o *role-playing*. Por isso, se diz que neste tipo de proposta se faz o "tratamento" do papel profissional. O supervisor estará sempre apontando para outra possibilidade de ver e pensar, sem desqualificar os achados de seu supervisionando.

TRABALHO EM EQUIPE

Com a finalidade de treinar para o trabalho em equipe, o grupão é dividido em subgrupos. Será dada uma tarefa factível naquele contexto e cada subgrupo procurará inventar um jeito que possa finalizar a proposta de modo criativo e produtivo. Posteriormente, será eleito o melhor desempenho.

REUNIÃO SEM PARTICIPAÇÃO VERBAL

O grupo é estimulado a fazer uma comunicação não-verbal entre seus membros, lançando mão, para isso, da mímica, do gesto, da postura corporal, a partir de um tema. Depois de cerca de trinta minutos, discute-se o ocorrido.

EXPERIÊNCIA SOBRE O "RUMOR" (ALLPORT E POSTMAN)

Dois grupos de pessoas são mutuamente isolados. Para um grupo projetam-se filmes, vídeo, conta-se uma história, dá-se uma notícia tirada do jornal. Esse grupo fica encarregado de passar o que foi visto ou ouvido para os membros do outro grupo, que não participou da atividade.

O teste serve para perceber as deformações que ocorrem nas mensagens e contribui para entender a gênese das fofocas.

EXPERIÊNCIA DA LINGUAGEM ESPELHADA (ROGERS)

O grupo se reúne para discutir uma proposta temática com o compromisso de que cada um, em sua comunicação com o outro, possa fazer o resumo do que ouviu daquele, começando sua frase de forma estereotipada: "Se eu entendi bem, você disse que...".

Esse ensaio serve para testar se as pessoas conseguem realmente ouvir o seu interlocutor. E como é difícil: a experiência permite diagnosticar o chamado "diálogo de surdos" e o "ouvido de mercador".

SIX TO SIX (PHILIPS 6/6)

Dado um tema para ser discutido, o grupão é dividido em subgrupos de seis pessoas que terão seis minutos para debater e concluir. Cada subgrupo elege um coordenador para dirigi-lo e um relator para resumir as conclusões; tudo em seis minutos.

Quando os subgrupos são muitos, pode-se fazer um *six to six* dos relatores, repetindo-se a proposta.

No final, o grupão discute as conclusões dos relatores e, se possível, em seis minutos.

BIBLIOTERAPIA (WILDER E KLAPMAN)

Trata-se de uma reunião grupal para discussão de um livro, cuja leitura é previamente indicada, com a intenção de atingir efeitos de reflexão e até mesmo terapêuticos com sua discussão.

JORNAL VIVO E BIBLIODRAMA (J. L. MORENO)

Reunião na qual, com as técnicas psicodramáticas, vivencia-se o texto de um livro ou a notícia de um jornal.

SESSÃO ABERTA (J. L. MORENO)

É a reunião de um grupo, com local, hora e espaço de tempo marcados, para uma vivência psicodramática, sem o compromisso de novos encontros.

ROLE-PLAYING (J. L. MORENO)

Trata-se de ensino vivenciado, prática específica do psicodrama, que serve para criar, descobrir, treinar, transformar e desenvolver papéis profissionais.

VIVÊNCIA (J. L. MORENO)

Diz respeito a experiências internas (subjetivas) ou externas (objetivas) vividas pelas pessoas do grupo, a partir de uma proposta psicológico-relacional com o grupo e com seus membros, utilizando-se das técnicas psicodramáticas, valorizando o momento (*hic et nunc*) do acontecido para buscar o encontro existencial.

Planeja-se para que a vivência tenha, no máximo, três horas de duração. É coordenada por um diretor, que contará com egos-auxiliares. Quando se trata de participantes provindos da área "psi", ao final do trabalho, depois do compartilhar, faz-se o chamado "processamento", uma prática advinda da supervisão psicanalítica.

SOCIODRAMA (J. L. MORENO)

Mais do que uma simples técnica, trata-se de um método. É utilizado com pequenos grupos sociais, instituições e comunidades para a avaliação de sua dinâmica, para a configuração de subgrupos, para definir responsabilidades e disponibilidades e abrir a possibilidade de uma reorganização afetiva, pedagógica, estrutural ou política do grupo.

Quando falamos em sociodrama, estamos indicando para o inter e o intragrupal; ao contrário de quando falamos em psicodrama (senso estrito), apontamos para o inter e o intrapessoal.

LABORTERAPIA PSICODRAMÁTICA (J. L. MORENO)

Consiste em buscar um processo de transformação da saúde por intermédio do trabalho pedagógico realizado *in situ*, isto é, no próprio local em que os indivíduos trabalham. Os membros do grupo são, ao mesmo tempo, trabalhadores e pacientes. Utilizam-se as técnicas sociométricas e psicodramáticas.

CLUBE DE EX-PACIENTES (J. L. MORENO)

Ex-pacientes de hospital psiquiátrico ou não se reúnem semanalmente para discutir temas de interesse sobre a evolução de sua doença. Os familiares podem participar. São utilizadas técnicas grupais e psicodramáticas.

GRUPOS TEMÁTICOS (J. L. MORENO)

Usando o método sociopsicodramático, estes grupos se reúnem

para tratar de temas específicos de interesse de seus participantes: diabete, obesidade, hipertensão, AIDS, transtorno obsessivo-compulsivo (TOC), pânico, esquizofrenia, PMD etc.

BRAINSTORMING (TEMPESTADE CEREBRAL)

Diante de um tema ou de uma tarefa, o grupo, a partir de cada um de seus membros, anotará em um quadro-negro frases curtas, palavras, imagens que tenham relação, ainda que distantes, com o tema. No processo da produção mental será evitada qualquer crítica ou atitude repressiva. Toda avaliação será deixada para momento posterior, quando o grupo fará uma garimpagem, podendo concluir criativamente.

CONCLUSÃO

Note-se que o movimento psicodramático brasileiro tem sido um manancial rico de idéias, e muitos procedimentos estão sendo criados por colaboradores anônimos a cada congresso, a cada jornada, a cada encontro de psicodramatistas.

Continuemos a criar.

REFERÊNCIAS BIBLIOGRÁFICAS

AMADO, G., e ANDRÉ, G. *A dinâmica da comunicação nos grupos.* Rio de Janeiro, Zahar, 1978.

D'ASSUMPÇÃO, E. A. Modalidades de reuniões científicas. *In: O trabalho científico: noções básicas da metodologia científica.* Belo Horizonte, Soplar, 1973.

FRITZEM, S. J. *Exercícios práticos de dinâmica de grupo.* São Paulo, Vozes, 1984.

MAILHIOT, G. B. *Dinâmica e gênese de grupos: as descobertas de Kurt Lewin.* São Paulo, Duas Cidades, 1977.

MORENO, J. L. *Psicoterapia de grupo e psicodrama.* São Paulo, Mestre Jou, 1974.

OLIVEIRA LIMA. *Dinâmica de grupo no lar, na empresa, na escola.* Petrópolis, Vozes, 1971.

PAJÉS, M. *A vida afetiva dos grupos.* Petrópolis, Rio de Janeiro, Vozes/Edusp, 1976.

PICHON-RIVIÈRE. *O processo grupal.* São Paulo, Martins Fontes, 1983.

ROGERS, C. R. *Grupos de encontro.* Lisboa, Martins Fontes, 1974.

SALLES GONÇALVES, Camilla; WOLFF, José Roberto; e CASTELLO DE ALMEIDA, Wilson. *Lições de psicodrama.* 4ª ed. São Paulo, Ágora, 1988.

WEIL, P. *Psicodrama.* Rio de Janeiro, CEPA, 1987.

Leia também

PAIXÕES E QUESTÕES DE UM TERAPEUTA
Alfredo Naffah Neto

Este livro reúne textos em que o autor relata sua evolução profissional como psicodramatista. Conhecido por suas leituras dialéticas do psicodrama, Alfredo Naffah Neto revela aqui o peso da influência nietzchiana, das leituras de Deleuze e Guattari em suas experiências profissionais e aspectos de seu agir terapêutico.

PSICOLOGIA DO ENCONTRO: J. L. MORENO
Eugenio Garrido Martín

Obra conhecida e respeitada no meio *psi*, este livro faz a sistematização das teorias de Moreno de forma abrangente, através do olhar perspicaz de Garrido, um cientista social e antropólogo. Ele demonstra sua enorme importância no contexto sociohumano, enfatizando a contribuição do criador da psicoterapia de grupo, da sociometria e das terapias de ação.

PSICOTERAPIA BREVE
Abordagem sistematizada de situações de crise
Eduardo Ferreira-Santos

A psicoterapia breve, no trato de situações de crise, é cada vez mais adotada no mundo todo por ter se revelado um instrumento eficaz e adequado às dificuldades da atualidade. O autor é um dos precursores dessa modalidade de terapia no Brasil. Neste livro, ele apresenta um modelo de ação que pode incluir o uso das técnicas psicodramáticas. Recomendado para todos os profissionais *psi* e demais interessados em saúde.

SOBREVIVÊNCIA EMOCIONAL
As dores da infância revividas no drama adulto
Rosa Cukier

Série de artigos que enfoca um tema emergente e pouco analisado, o "borderline". A partir de uma experiência pessoal familiar, a autora desenvolveu um trabalho que abrange a "criança ferida", os processos narcisísticos e os dissociativos. A abordagem é psicodramática, mas se aplica a diversas formas de terapia. Útil e tocante, ele serve tanto ao profissional quanto às pessoas envolvidas com tais pacientes.

TEMAS PROIBIDOS
Ações estratégicas para grupos
Antony Williams

Criativo e original, este livro é dirigido a profissionais que trabalham com grupos, em qualquer área. O título refere-se àqueles assuntos que, inconscientemente, são evitados em nome de lealdades invisíveis, impedindo o grupo de avançar com espontaneidade. Escrito por um experiente terapeuta familiar e psicodramatista, ele oferece técnicas de aquecimento no sentido de provocar transformações. Leitura indispensável para líderes de grupos, em especial na área empresarial.

IMPRESSO NA
sumago gráfica editorial ltda
rua itauna, 789   vila maria
02111-031   são paulo   sp
telefax 11 **2955 5636**
sumago@terra.com.br